너는 누구고
나는 누구냐?
네가 나고 내가 너다

너는 누구고 나는 누구냐?
네가 나고 내가 너다

펴 낸 날   2024년 09월 13일

지 은 이   자 혜
펴 낸 이   이기성
기획편집   서해주, 윤가영, 이지희
표지디자인   서해주
책임마케팅   강보현, 김성욱
펴 낸 곳   도서출판 생각나눔
출판등록   제 2018-000288호
주   소   경기도 고양시 덕양구 청초로 66, 덕은리버워크 B동 1708호, 1709호
전   화   02-325-5100
팩   스   02-325-5101
홈페이지   www.생각나눔.kr
이 메 일   bookmain@think-book.com

- 책값은 표지 뒷면에 표기되어 있습니다.
  ISBN 979-11-7048-759-3 (03810)

Copyright ⓒ 2024 by 자 혜 All rights reserved.
- 이 책은 저작권법에 따라 보호받는 저작물이므로 무단전재와 복제를 금지합니다.
- 잘못된 책은 구입하신 곳에서 바꾸어 드립니다.

너는 누구고 나는 누구냐?
네가 나고 내가 너다

자혜 지음

생각나눔

머리말

　오은사(吾恩寺)는 자혜 스님의 영적 스승이신 퇴계 이황 선생이 지어주신 이름입니다.

　오은사에는 오(吾: 나, 자신, 당신, 그대, 글 읽는 소리), 은[恩: 은혜, 사랑하다, 인정, 동정, 은덕(恩德)]의 뜻이 있습니다.

　또한 모든 것은 나, 하나에서 시작된다는 뜻도 있습니다.

※ 이 책은 스님의 말씀을 편집자가 글로 변환하였습니다.

목차

· 머리말_ 5

제1부   나의 삶, 나의 이야기

1. 하루아침에 전신마비가 되다   12
   1) 그날의 사고   12
   2) 사고의 근원   14
   3) 숙명, 전신마비   14

2. 구도(求道)의 계기   16
   1) 나의 어머니 그리고 속세의 인연   16
   2) 산에서의 기도   20
   3) 부처님의 원력   22

3. 구도(求道)의 과정   27
   1) 절을 창건하다   27
   2) 전 배우자   30
   3) 도반 인연   31

제2부　　　　　　　　　　　　　　　신기한 일들

1. 나의 체험기　　　　　　　　　　　　　38
　　1) 천등산 산신　　　　　　　　　　　38
　　2) 나의 스승 퇴계 이황　　　　　　　40
　　3) 부처님들　　　　　　　　　　　　45
　　4) 여러 이야기　　　　　　　　　　　49

2. 방문객들의 일화들　　　　　　　　　　59
　　1) 질병 치료　　　　　　　　　　　　59
　　2) 스님께 말만 해도 이루어지다　　　70

3. 신도들의 체험기　　　　　　　　　　　73
　　1) 30년 인연　　　　　　　　　　　　73
　　2) 검찰직 신도　　　　　　　　　　　80
　　3) 여러 신도들의 체험　　　　　　　　89

제3부   너는 누구고 나는 누구냐?
네가 나고 내가 너다

1. 미륵 불법   98

    1) 미륵 불법이란   98

    2) 어머니의 법, 미륵 불법   103

2. 마음   106

    1) 너는 누구고 나는 누구냐? 네가 나고 내가 너다   106

    2) 바른 마음 수행   112

    3) 오은사 마음 수행   119

3. 그대의 마음이 가는 대로 써보세요.   125

제1부

나의 삶, 나의 이야기

...

1. 하루아침에 전신마비가 되다
2. 구도(求道)의 계기
3. 구도(求道)의 과정

1. 하루아침에 전신마비가 되다

1) 그날의 사고

구도(求道)를 시작한 지 한 십 년쯤 지난 때였습니다. 그 당시 우리 절에 머물렀던 ○○사 스님이 운전하는 차를 타고 서울로 향했습니다. 내가 탄 차가 막 고속도로에 진입할 때 뒤에서 오는 차에 부딪혔습니다. 내가 탄 차는 몇 바퀴를 굴러서 도로 밑으로 떨어졌고, 그 길로 나는 경추가 골절되었습니다. 차 안의 다른 사람들은 갈빗대에 금이 가는 정도의 부상이었습니다.

그런데 응급차가 날 데려간 병원에서는 응급조치도 안 하고 하루 종일 사진만 찍고 저녁때가 다 돼서 입원도 안 시키고 내보냈습니다. 사진비만 그때 돈으로 500만 원이 넘게 나올 정도였습니다. 거의 하루 동안의 시간을 허비하고 나서야 뒤늦게 서울의 ○○병원에 실려 가니 내 지인이 사고 직후 예약을 해서 ○○병원에서는 사고가 난 그 시점부터 나를 기다리고 있었답니다. 그러나 서울에 너무 늦게 도착하여 처치 시간도 지체되고 신경 손상이 심해서 손쓸 여력이 없었다고 했습니다.

그때는 3일밖에 못 산다고 장례 준비나 하라고 할 정도였답니다. 가입원을 하다가 보름이 지나서야 정식 입원을 시켜줬고, 한 달 동안 입원한 병원비가 그 당시 돈으로 2천만 원이가 3천만 원에 육박하여 나는 백만 원도 내기 어려운 사람이라고 하니 주치의께서 여러 방면으로 융통해 주셔서 최종 병원비는 삼백만 원만 지불하게 되었습니다. 그 병원비마저 부담스러워 병원 측의 만류에도 불구하고 퇴원을 서두른 것이었습니다.

2) 사고의 근원

1992년경부터 ○○사 스님과 신도님들이 미혼모 아이들을 길렀으면 한다고 해서 아이들을 받아들이기 시작했습니다. 그러다가 세 번째로 들어온 아이에 대해 의사 선생님이 소견서를 써주셨는데, 뇌에 물이 고여있다는 것이었습니다. 백일 전에 수술을 해야 한다는 것이었습니다. 전기료를 내지 못할 정도로 형편이 어려웠던 그 당시에 차일피일하던 차에 그 아이는 두 달 정도가 지날 동안 계속해서 구토를 해서인지 잘 먹지도, 자라지도 못했습니다. 도저히 그냥 둘 수 없었기에 큰 병원에 가서 아이를 보이기라도 해야겠다 싶어서 병원을 알아보러 서울로 올라가던 길에 그 사고를 당한 것이었습니다.

3) 숙명, 전신마비

나는 퇴원 직후에는 숨 쉬는 것도 원활하지 않을 정도였고, 누워만 있어야 하는 처지가 됐습니다. 그런데 신기하게

도 그 사고 직후 병원에서 절에 사고 소식을 전하니 그 아이는 그 때부터 단 한 번도 토하지 않고 우유를 잘 먹더라는 겁니다. 또한 잘 자라서 내가 한 달 동안 ○○병원에 입원해 있다 돌아와 보았는데, 알아보지 못할 정도로 살이 오르고 성장해 있었습니다.

　아픈 아이가 들어오고 그 아이의 병증의 치료를 위해 알아보러 가다가 내가 당한 사고와 사고 직후 그 아이의 병증이 호전되고 하는 현상은 부처님이 내게 주신 원력 때문이었습니다. 내 몸이 마비가 되니 그 아이가 제대로 먹고 성장도 정상적으로 하게 되었습니다. 이것은 숙명이었습니다.

2. 구도(求道)의 계기

1) 나의 어머니 그리고 속세의 인연

　　　　　나는 지금껏 나의 어머니의 공덕으로 살고 있습니다. 내가 어려서부터 어머니는 수많은 책을 읽어주시고 절에 관한 이야기도 많이 해주셨습니다. 옛날의 길은 좁았는데 어머니는 길가로 다니지 말라고 하셨습니다. 남의 곡식을 건드려서 떨어지는 것을 염려하신 겁니다. 그런 작은 미물도 하찮게 생각하지 말라고 가르치셨던 어머니의 말씀이 내게는 법과 같았습니다.

그런 내 어머니는 동네에서도 인자하기로 소문이 나서 다들 부처님 같다고 했습니다. 어머니는 동네에 있는 절에 다니시면서도 스님 보고 다니는 것이 아니라 마음으로 다닌다고 하셨습니다. 어머니는 다른 가족들은 부처님께 기도를 하시고, 나만 천등산 산신께 기도를 하셨다 하니 이 또한 인연이 아닌가 싶습니다.

"늘그막에 외로워서 어떻게 살래? 기도해서 딸이라도 낳아야지…." 어머니는 이렇게 늘 나의 말년을 걱정하셨습니다. 그러나 출가하기 전 내 눈에는 여러 절의 스님들이 한편으로는 거지 같았고, 한편으로는 깡패처럼 보였습니다. 그런 것이 보기 싫어서 나는 절에 다니지 않았습니다. 반면에 어머니는 절에 열심히 다니셨습니다. 그런 어머니께 나는 늘 "엄마, 거기에 돌멩이를 깎아 놨어? 나무를 깎아 놨어? 왜 거기다 돈 놓고 쌀 놓고 절을 해? 나나 줘."라는 어리광 같은 푸념을 늘어놓곤 했습니다.

내 나이 서른다섯이 넘은 어느 해, 결혼 후 6년이 되도록 후사가 없었던 나는 내 삶의 법과도 같은 어머니의 말씀을 유언이라 생각하고 들어드리자는 결심을 했습니다. 당신이 43세에 나를 막내로 낳으신 어머니의 유언을.

"엄마, 나 엄마 유언 들어줄게. 나 어디 가서 기도할까? 그런데 절은 싫어." 그랬더니 어머니는 "내가 좋아하는 천등산에서 하거라."라고 하셨습니다. 그 길로 천등산 근처의 빈집을 하나 빌려서 기도를 시작했습니다.

그렇게 산에 집을 얻어놓고 무작정 기도를 하자니 혼자서 막막하기만 했습니다. 기도가 무엇인지도 모르고 하는 방법도 몰라서 고민 끝에 우연히 만난 절에 다니던 어느 분께 물어봤습니다. 어려서는 교회를 아주 열심히 다니기는 했어도 그때와는 결이 다른 기도였기 때문입니다.

그분은 내게 천수경의 앞머리인 개경게까지를 써 주시면서 이것을 읽고 본인이 원하는 바를 신께 부탁하라고 했습니다. 자녀나 금전, 명예 등 자신이 원하는 바를 이루게 해달라는 기도를 하면 된다는 것이었습니다.

그래서 어머니가 갖다 주신 돈과 쌀로 떡을 하고 과일을 사서 산에 가서 기도를 시작했습니다. 그러나 저는 별로 빌 것이 없었습니다. 어머니는 자식을 낳게 해달라는 기도를 하라고 하셨는데 나는 자식도 원하지 않았고 돈도 원하지 않았고, 바라는 것이 아무것도 없었습니다. 그저 정말 이 세상에 신이 존재한다면 사는 동안 좋은 일이나 조금 하다 죽게 해달라고 하는 정도였습니다.

어머니와 자식 갈망에 대한 기도는 어쩌면 핑계였는지도 모릅니다. 사실은 나는 정말 살기 싫어서 이 천등산에 와서 차라리 죽는 게 낫겠다 싶어서 들어온 것입니다. 나는 살고 싶은 의욕이 별로 없었습니다.

사실은 전 남편 때문에 죽으려고 들어온 것이었습니다. 그 사람은 1년 365일을 술에 빠져서 살았습니다. 제정신이 아니었고, 경제력도 전혀 없고 해서 내가 죽고 싶어서 들어온 것이었습니다.

우리 아버지는 요새 남자들도 할 수 없는 일을 하신 아버지셨습니다. 시골에 살면서도 어머니를 밭에 나가서 풀 한 번 못 베게 하고, 새벽이면 하루 종일 먹을 반찬거리를 해다 주시고, 시장에 가면 옷감도 최고 상품으로만 떠다 주시고, 미역도 최상품만 사다 주셨습니다. 그리고 이웃집 아주머니를 시켜서 우리 아이들 길러서 애엄마가 힘드니까 빨래도 해주고 옷도 꾸며주고 그러라고 해주시고, 농사지어 보리타작을 해서 까부르는 것도 그늘에서 까불라고 하시고, 방아도 더 깨끗하게 찧어주시고. 하여튼 어머니 얘기 들으면 아버지 같은 사람이 없습니다.

어머니께 이렇게 하신 아버지를 보고 큰 나에게 전 배우자가

하던 짓들이 얼마나 기가 막히고 도망치고 싶었겠습니까? 내가 어디로 나가면 우리 친정에 가서 '도끼로 알로 깐 것부터 다 모가지 잘라 죽인다'는 소리나 하고, 또 내가 다른 데로 도망가면 그 풍파를 친정집에서 겪어야 하니까 내가 친정으로 갈 수도 없었습니다.

이러한 속세의 인연들로 인하여 나의 구도(求道)가 시작된 것이었습니다.

2) 산에서의 기도

그러다가 내 어머니를 위해 일주일은 산에서 기도할 결심을 했었기 때문에 일주일 동안은 계속 기도하러 다녔습니다. 그러한 기도 중에 환상들이 보이기 시작했습니다.

한번은 호랑이가 잡아먹는 장면, 또 한번은 구렁이가 내 몸을 칭칭 감는 장면 등이 보였습니다. 그럼에도 나는 무섭거나 두려운 것이 없었습니다. 원래 타고나기를 밤길을 갈 때도 부스럭 소리가 나면 가서 확인해야 하는 성격이었습니다. 혼자여도 무서워서 뛰는 법이 없었습니다.

그렇게 일주일 동안 기도를 마치고 기도를 그만하려는 마음을 먹었습니다. 그랬더니 내 입에서 "너는 왜 기도를 안 하느냐? 백일기도를 채워서 중생제도를 하라는데."라는 말이 나오는 것이었습니다. 이에 나는 "내가 무슨 중생제도를 하나. 하지 않을 것이다."라고 했습니다. 그랬더니 그 후 보름 동안 내 몸이 마비가 됐습니다. 내 나이 서른여섯 살 때의 일이었습니다.

그렇게 내 몸이 마비가 되어 보름간을 누워있으니 한 젊은 여자가 산기도 하다 미쳤다는 소문에 온갖 무속인들이 날 구해준다며 몰려들었습니다. 원주, 제천, 충주 근처의 무속인들은 거의 다 왔습니다. 그들이 오는 날이면 내 몸은 움직여졌습니다. 일어나 나가서 수도에 호스를 연결하여 그들에게 물을 뿌렸습니다. 그들이 다 도망가면 내 몸은 또 방바닥에 쓰러졌습니다.

마비되어 누운 지 보름이 되던 어느 날 아침에 '내가 무엇이 그리 잘났을까?'라는 생각을 했습니다. 어머니는 내가 말을 떼기 전부터 많은 책을 읽어주셨습니다. 고대 소설부터 중국 역사서에 나오는 스님 이야기들, 왕이 스님 된 이야기들을 어머니가 읽어주셨던 것이 기억났습니다. '그런 왕들도 스님 노릇을 했는데 내가 무엇이 그리 잘났는가?'라고 깨닫게 되었습니다.

깨닫자마자 "어서 일어나서 백일기도를 채워 중생제도를 하라."라는 목소리가 들렸습니다. "저는 그런 중생제도 정말 싫습니다." 하니까 "저런 절에 있는 중들처럼 하는 중생제도만 있는 것이 아니다."라는 소리가 들려왔습니다. "그럼 어떤 것이 있습니까?" 하니 "아픈 사람들이 오면 대신 아파하고, 물에 빠진 자가 있으면 같이 물에 빠져서 구해주고 하는 그런 중생제도도 있다."라고 하였습니다. 그 소리가 내 마음에 꽂혀 나는 더 이상 거절을 할 수 없었습니다. 그래서 그 이후로 아픈 사람이 오면 내 몸도 아프게 되었습니다.

3) 부처님의 원력

과거 기도하는 중에 부처님이 내게 "내가 가진 모든 원력을 네게 다 준다."라고 말씀하셨습니다. 그러나 나는 싫다 했습니다. 부처님은 "세상 모든 중생이 다 내 원력을 달라 하는데 너는 왜 싫다 하느냐?"라고 하셨고, 나는 "인간인 제가 인간의 때도 아직 다 벗지 못했는데 부처님의 원력을 가지고 남용해서 죽을 때가 되면 내 죄가 하늘을 덮고도 남을 텐데 제가 왜 그런 짓을 하겠습니까? 저는 절대로 싫습니다."라며 부처님들과 끝도 없는 논쟁을 했습니다.

그러다 나중에 퇴계 선생이 오셨습니다. 그분은 나를 가르치는 선생님으로 오신 분이었습니다. 내가 기도하는 중에 수많은 신이 내 주위에 모여 많은 말들을 하는 것이 내 귀엔 시끄러웠고, 나는 그런 그들이 거슬리고 못마땅했습니다. 그런 신들과 내가 한 열흘 동안 난리를 피며 싸웠더니 급기야 퇴계 선생이 "왜 그러냐?" 하시며 나타나신 것이었습니다. 퇴계 선생이 나타나신 후에는 여러 신 때문에 어지러웠던 내 성정이 차분해지며 아주 착실하게 기도를 하게 되었습니다.

한번은 산 중턱에 앉아 기도를 하는 중에 명상에 빠졌는데 법당 하나가 보였습니다. 그 법당에 다가가니 부처님, 문수보살님, 관세음보살님이 보였습니다. 부처님의 양쪽에 계시던 문수보살님과 관세음보살님이 내게 뜨락으로 올라와서 부처님께 인사를 올리라 하셨습니다. 그런데 그 뜨락이 너무 높아서 내 손끝도 닿지 않았습니다. 관세음보살님이 오셔서 내 손을 잡고 올려주시어 부처님 앞에 다가갔습니다.

부처님께서 "정선이 왔느냐?"라고 하셨고, 나는 "네."라고 답하고 잠시 앉아있다 내려왔습니다. '정선'이라는 이름은 구도(求道)의 초창기에 부처님들이 지어주신 법명입니다. 지금의 법명인 '자혜'는 나중에 새로 지어주신 것입니다.

다음 날 기도하러 또 가니 부처님과 두 보살님은 다 떠나시고 빈집만 있는 거였습니다. 옆에 난 길로 올라갔더니 웬 노스님이 앉아계셨습니다. 그 노스님이 "정선이 왔느냐?" 하시며 하얀 돌과 검은 돌 중 어떤 것을 택할 것이냐 하셨습니다. 나는 "저는 하얀 돌을 택하겠습니다."라고 하니, 그것을 끈으로 묶어서 내어주셨습니다.

그것을 받아 내려오는 길에 끈이 풀어져서 그 돌이 깨졌습니다. 그 깨진 돌에서 물이 솟아나서 이 세상을 다 덮어버리는 겁니다. 그래서 걱정 근심을 많이 하고 있는데 퇴계 선생이 나타나셨습니다.

퇴계 선생은 제가 한 일주일 동안은 고민을 해야 나타나시는 겁니다. 퇴계 선생이 "무슨 걱정을 그리하고 있느냐."라고 하시기에 나는 "노스님이 주신 것을 깨트렸습니다."라고 답했습니다. 퇴계 선생은 "그것은 네게 아주 좋은 것이다. 검은 것과 흰 것 중에 욕심이 없는 흰 것을 택했으니 좋은 것이고, 그것을 받아서 방에 놨다면 죽을 때까지 그 법을 하나도 못 펴고 죽을 텐데 그것을 깨서 이 세상을 덮게 만들었으면 네가 깨달은 법이 이 세상을 다 덮을 것이다."라고 말씀하셨습니다.

또 하루는 기도 중에 보인 환영에서 한 노스님이 팔뚝같이 굵은 붓으로 주인 주(主) 자를 써서 꼭대기에 태양을 달아서 지켜 주셨습니다. 그것이 영적으로 얼마나 무거웠던지 앉아서 기도하면서 땀이 비 오듯 쏟아졌습니다. 나는 이런 영의 세계가 있는 것을 믿지도 않았는데 이것을 믿어야 하는지 말아야 하는지 늘 갈등했습니다. 노스님이 써 주신 것은 가지고 내려와 집에다 잘 가져다 놓았습니다.

어찌할 바를 몰라 또 한 일주일 동안 고민을 하니 퇴계 선생이 오셨습니다. 선생께 내 걱정을 말씀드리니 "그것은 네가 이 세상의 태양의 주인이라는 뜻이다. 너는 요사한 마음도 없고 부처가 주는 원력도 싫다 하고, 그렇게 깨끗하기 때문에 너는 주인이 될 수 있는 자격이 있는 것이다. 마음을 찾아보거라. 너의 마음이 어떤지, 마음이 어떤 건지 한번 찾아보아라."라고 하셨습니다.

그래서 또 한 열흘 동안을 고민하니 태양 같은 마음이 있는 것 같기도 했습니다. 퇴계 선생이 또 오셔서 마음을 찾았냐고 하셨습니다. 그래서 "제 마음이 태양 같습니다."라고 답하니 그 태양 같은 마음을 어떻게 쓰겠느냐고 물으셨습니다. 이번에는 또 쓰는 법까지 설명을 해야 했습니다. 생각을 하여 "어둡고 그늘진 마음을 가진 자들에게 태양의 마음을 비춰서 밝게 해주겠습니다."라고 답하였습니다. 그랬더니 선생께서 잘 찾았다고 하셨습니다. 그러나 하나만 찾으면 될 줄 알았는데 네 개를 더 찾으라 하시는 거였습니다.

그렇게 해서 찾은 것이 '자비한 마음', '인정', '사랑', '악한 마음'. 이렇게 모두 다섯 가지를 찾았습니다. 퇴계 선생은 "악한 마음을 어떻게 쓸래?"라고 물으셨습니다. 어떻게 써야 하는지 또다시 고민에 빠졌습니다. "만근이나 되는 엉덩이로 깔고 앉아 다시는 꺼내지 않겠습니다."라고 답하니 선생께서 잘했다고 하셨습니다.

3. 구도(求道)의 과정

1) 절을 창건하다

> 오은사건립권선취지문(吾恩寺建立勸善趣旨文)
>
> 소승(小僧)의 나이 36세이면 여인의 나이로 보아 단산지경(斷産地境)인데 일점혈육(一点血肉)이 없어 고심(苦心)의 눈물로 세월(歲月)을 보내던 중 천등산(天登山)에 입산기도(入山祈禱)하면 자식(子息)을 얻을 수 있다는 말을 듣고 백일기도(百日祈禱)를

드렸는데, 바라던 육(肉)의 자식(子息)은 내리지 않고 영(靈)의 자식(子息)을 잉태(孕胎)하니 바로 오은사(吾恩寺)입니다.

존엄(尊嚴)하고 인자(仁慈)하신 부처님은 사리사욕(私利私慾)을 버리고 중생제도(衆生制度)에 그 뜻을 두셨는데, 현재불도(現在佛道)는 부처님의 거룩하신 이름을 도용(盜用)하며 영업행위(營業行爲)를 하고, 절망(切望)에 허덕이는 중생(衆生)을 악용(惡用)하여 더욱더 타격(打擊) 속에 몰아넣으니 이는 진의가 전도되어 비평이 자자합니다.

부처님이 중생에게 외면을 당하며 마구니들이 득세(得勢)하니 이 어찌 한심하지 않으리오.

이에 십왕불(十王佛)님께서 소승(小僧)에게 자혜(慈慧)라는 법명(法名)과 십계(十戒)를 나리시고 오은사(吾恩寺)라는 사찰명(寺刹名)을 하사하시어 퇴계선생(退溪先生)님의 영(靈)이 대업(大業)을 맡고 소승(小僧)에게 임(臨)하시니 십왕(十王) 부처님의 계시(啓示)에 따라 밝은 불법(佛法)을 바로 온 누리에 펴고자 하오니 강호제현(江湖諸賢)들께서 부처님 사업(事業)에 많은 복(福)을 지으시고, 선(禪)을 베푸시기 바랍니다.

壬戌 立夏

小僧 慈慧 合掌

– 1982년 5월 6일 오은사 창건 권선문 발췌

1982년도에 남의 빈집을 빌려서 절을 시작했습니다. 여러 사람이 와서 수많은 절 이름을 제안해 주었지만 내 마음에 드는 것이 하나도 없었습니다. 그랬더니 그들이 나더러 알아서 하라는 것이었습니다. 정성껏 지어다 줘도 거절한다고 뿔들이 난 것이었습니다.

단오일이 가깝던 어느 날 퇴계 선생이 또 오시더니 절 이름은 나 오(吾)에 은혜 은(恩) 자를 써라."라고 하셨습니다. 그래서 오은사(吾恩寺)로 지었더니 사람들이 절집에 누가 '나 오(吾)' 자를 쓰냐며, 하나를 갖고 무엇을 하느냐며 말들이 많았습니다. 그래서 나는 "당신들은 아무것도 모르는 사람들이오. 무엇이든지 하나에서 시작이 되지. 백에서 시작을 하니, 천에서 시작을 하나"라고 하면서 왈가왈부를 하는 중에도 또 내 말이 맞다는 사람도 있었습니다.

2) 전 배우자

　　　　　　내가 원력을 받아서 그런 신비한 일들이 막 벌어지니까 전 남편이 따라 들어왔습니다. 속세의 인연이었을 때는 그렇게 나를 괴롭혔던 사람이 내가 원력을 펼치게 되니 또 내 제자가 되겠다는 겁니다. 안 된다고 나가라 했는데 머리를 깎아달라며 드나들 때 삼배를 하는 등의 행동들을 보였습니다. 그러면서도 돈은 가져가 맨날 술을 퍼먹으면서 돈을 다 썼습니다. 돈도 하나도 없는데 나가서 택시를 타고 오면 신도들이 대신 택시비를 내주는 일도 있었습니다.

　그러다 안 되겠는지 어느 날은 나를 죽으라고 방에다 가둬놓기도 했습니다. 그런데 부처님들은 나를 죽이려는 자가 몇이고 살리려는 자가 몇인지를 따지셨습니다. 나는 인간의 마음을 벗어난 사람이니까 죽으라는 강한 마음을 쓰는 전 남편의 마음만 통하는 것이었습니다. 그러면 나는 눈이 깜깜해지며 죽습니다.

　그러면 신도님들이 밭이나 직장에서 일하고 있을 때 "자혜가 다 죽어가는데 너는 일만 하느냐. 나는 미륵부처이다."라고 하는 말이 들리면 나에게 달려왔습니다. 부모님도 택시 타고 오시기도

했습니다. 그들이 와서 보면 부처님의 음성과 똑같은 상황이었으니 전남편 따귀를 때리기도 하고, 미친놈 말을 듣고 스님을 죽게 하면 어떡하냐고 부처님을 부르면 내가 또 깨어났습니다.

3) 도반 인연

그렇게 죽다 살아나고 하는 것을 한 일곱, 여덟 번을 반복하고 난 이후, ○○사에서 병이 들어 온 스님이 있었습니다. 여기 와서 병이 좀 나아지니 도와주겠다고 했습니다. 그때부터 미혼모 아이들을 받기 시작한 것인데 나는 아픈 사람만 오면 나도 똑같이 아파서 쓰러지는데 어떻게 아이들을 키우겠나 하니 본인이 키우겠다고 했습니다. 그래서 아이들을 받기 시작한 것이었습니다.

그렇게 지내다가 그 스님이 운전하는 차를 타고 가다 사고가 난 것이었습니다. 병원에서는 3일 후에 내가 죽는다 했는데 몇 달을, 1년을, 2년을 기다려도 내가 죽지 않으니 그 스님이 나중에는 나더러 죽으라고 포악을 떨었습니다. 사고 이후 내 몸 전체가 마비되어 췌장에도 문제가 생기니 저혈당이 생겼습니다. 그러니까 밥을 주지 않았습니다.

저혈당이 되면 눈이 깜깜해지고 땀이 주먹 같은 게 막 쏟아졌습니다. 그렇게 땀이 쏟아지고 눈앞이 깜깜해지면 꼭 신도들이 왔습니다. 그래서 나를 살려놓았습니다. 일반 사람 같으면 그렇게 여러 번 저혈당이 오면 뇌가 다 닳아서 기억이 하나도 없을 겁니다. 그런데 나는 기억이 그렇게 망가지지도 않았습니다. 그렇게 우리 신도들이 난리들을 피워서 나는 다시 살아났습니다.

○○사 스님은 아이들을 자기 호적에다 올리겠다고 해서 올려놓고 지내던 어느 날 한 일주일을 여행하고 오겠다고 했습니다. 차도 내 이름으로 산 것이었고, 쓸 돈도 없는데 법당에 있는 것 다 갖고 일주일 여행을 갔다 오겠다는 겁니다.

차도 내 명의였고, 내 장애인 카드를 갖고 일주일을 여행을 간다고 하니 내가 무슨 수로 갚겠습니까? 그래서 그냥 있으면 안 될 것 같아서 카드를 정지를 시켰습니다. 그랬더니 저녁에 소주 됫병을 사서 가지고 와 마시면서 절집의 것들을 다 때려 부수고 난리를 치고 포악을 떠니 우리 보살님들이 무서워서 경찰과 봉사단체에 전화했습니다.

그런데 경찰이 와서 조사하는 과정에서 첫째 아이들한테 "너희들 저 스님한테 맞았냐?"라고 물어서 그렇다고 하니까 진술서를 써내라고 했답니다. 아이들에게 어떻게 얼마나 맞았다는 거를 쓰라 하니까 6명의 아이 중 2명이 진술서 3장씩 써서 냈다는 겁니다.

그래서 검찰에 고발까지 됐었지만 별다른 처벌 없이 훈방 조치가 됐답니다. 그때가 2005년경이었습니다. 그렇게 그 ○○사 스님과의 인연은 끝이 났습니다.

그 이후로도 스님이라고 하는 여러 사람이 찾아 왔습니다. 이 절을 뺏으러 엄청나게들 왔습니다. 그래서 비구니 스님이나 좀 약한 마음을 가진 스님들은 인가하고 많이 떨어진 곳에 있으면 쫓겨나게 됩니다.

나의 어머니가 맨날 "나는 늘그막에 절에 가서 살 거다."라고 하셔서 절이 얼마나 좋으면 어머니가 가서 산다 하실까. 엄청 좋은 곳인 줄 알았습니다. 그러나 내가 막상 살아보니까 이거는 살벌했습니다.

나쁜 놈은 다 모여드는 게 절집이라고 생각을 했습니다. 절을 잘 지키는 것도 엄청 어려운 일입니다. 그런 깡패 같은 것들이 들어오면 나는 바로 경찰에 신고합니다. 그러면 경찰이 바로 옵니다. 최근 몇 년 전까지만 해도 그랬습니다.

제2부

신기한 일들

...

1. 나의 체험기
2. 방문객들의 일화들
3. 신도들의 체험기

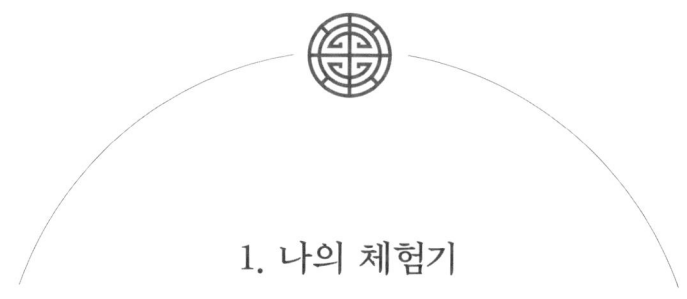

1. 나의 체험기

1) 천등산 산신

절을 창건하기 전 산 기도를 처음 시작한 다음 날 새벽에 기도하러 다시 산에 올라갔다가 마을에 내려오니 누군가 작고했다는 말을 어떤 마을 사람이 전해주었습니다. 그다음 날 산 기도하러 갔더니 산신이 부정한 곳에 왜 왔냐고 하는 것이었습니다. 내가 사람 죽은 것이 부정한 것이냐 물었더니 부정한 것이라 답했습니다. 역대를 두고 수천 년을 모든 중생이 그런 것을 지켰는데 너는 왜 안 지키느냐는 것이었습니다.

나는 앉아서 상념에 빠졌습니다. '아니, 신들은 이 세상이 돌아가는 것을 다 보면서 왜 굳이 내가 본 것만 탓하지?' 이런 생각을 하며 나는 "너네는 온 우주 만물이 돌아가는 것을 한눈에 다 본다면서, 우리 마을만이 아니라 전 세계적으로 사람들이 얼마나 태어나고 죽는지, 또 별의별 것을 다 보면서 니들이 보는 것은 부정하지 않나?"라고 했더니 그 신은 호령을 하며 건방지다고 하고 역대로 너 같은 것은 처음 본다며 엎어 죽여줄까 제껴 죽여줄까 하는 것이었습니다.

나는 생각했습니다. '신이 존재한다면 내가 도망을 간다 한들 못 잡겠는가, 숨은들 못 잡겠는가?' 그래서 "나는 편안히 죽고 싶다. 여기 앉은 자리에서 죽여라. 니들이 날 죽이는 게 원이라면 죽여라. 그러나 내 경우는 다르다."라고 했더니 무슨 경우가 있느냐는 것이었습니다. "니들이 본 것도 부정하다 해야지, 왜 인간이 본 것만 부정하다 하느냐? 니들이 신용이 없다고 생각한다. 나는 하루를 기도했어도 억울하다. 니들을 그냥 두지 않겠다."라고 하며 소리를 질러가며 싸웠습니다. 그 존재가 내 말을 들어보더니 "네 경우도 맞다."라고 하는 것이었습니다.

그러면서 "너는 앞으로 부처님을 모시게 되면 날도 없고 시도 없고 부정도 없고 아무것도 없게 해주겠다."라고 하는 것이었습니다. 그 말에 나는 "나는 중을 제일 싫어하는데 왜 내가 중이 되어야 하나?"라고 싸우며 소리쳤습니다.

2) 나의 스승 퇴계 이황

그렇게 기도하면서 신들이 와서 여러 말로 나를 힘들게 할 때 기도하다 말고 손을 허리에 올리고 신들 다 죽인다고 난리를 쳐서 신들이 다 가버리고 나니까 퇴계 선생님이 오셨습니다. "너를 가르칠 자는 나뿐이다. 네가 원래 천상에서도 이렇게 고약해서 지상에 내려오게 됐는데, 너는 지상에서도 성품을 안 고치느냐."

그때부터 내가 온순하게 퇴계 선생의 말을 잘 듣게 되었습니다. 퇴계 선생님이 "중생제도라는 거는 다른 곳의 스님들처럼 하는 것만이 아니라 물에 빠진 놈 있으면 같이 빠지고 아픈 놈은 같이 아파하고 그런 중생 제도도 있다."라고 하시니까 그 말씀이 여기 마음에 붙어서 거절 못 하고 이제 스님이 된 것입니다.

어느 날은 한 과객이 "우리는 퇴계 선생 호도 잘 못 부르는데 너는 건방지게 어디 산골짝에 들어앉아서 퇴계 자를 함부로 떠들고 그러느냐."라고 했습니다. 그는 아마도 퇴계 선생을 숭배하고 하늘같이 떠받드는 분 같았습니다. 그와 내가 마주 앉아있었는데 퇴계 선생이 그를 달랑 들어서 머리가 땅에 딱 닿게 거꾸로 세워놓으셨습니다.

그런 모습을 처음 보았기에 나도 놀랐고, 그분도 너무 놀라서 풀린 후에는 무릎을 꿇고 잘못했다고 했습니다. 그 후 얼마 동안 이 절에 아주 열심히 다녔습니다.

퇴계 선생님이 이제 영과 육이 분리돼야 하는데 이 세상에 너무 영이 많이 와서 범벅이 돼가지고 혼란이 많이 온다고 하십니다. 신은 신의 세계에 가서 살아야 하고 인간은 인간 세계에 살아야 하는데, 지금 이 세상에 혼란이 오는 이유가 조상신들을 너무 끌어내려 범벅이 돼있어서 살인도 그렇게 쉽게 난다는 겁니다.

퇴계 선생님은 그걸 정리해야 한다고 하십니다. 조상신들이 내려와 섞여있어서 막 범벅이 되니까 조상신들이 배가 고픈지 어떻게 해달라는지 모르니 화가 나면 자식들한테 씌어서 살인이나 범죄를 저지르게 만든다는 겁니다. 그래서 퇴계 선생님은 영을 다 천상으로 보내고 인간 세계에는 육신을 가진 인간만 살게 해야 범죄가 없어진다 하시니까 여기서는 내가 간단하게 제를 지내 축원해서 천상으로 보내주면 그 집안들이 편안해집니다. 그래서 사람들이 여기 와서 기도를 하면 퇴계 선생님한테 지혜를 얻어가게 됩니다.

한번은 아는 사람이 내 소문을 듣고 와서는 자기 집안에 대해 좀 봐달라고 했습니다. 그랬더니 내 입에서 대뜸 "야, 내가 퇴계다. 네가 점을 치러 왔으면 저 밖에 나가봐라. 천지가 무당이다."라는 말이 나왔습니다. 이 말에 그가 "아닙니다, 퇴계 선생님! 저희 집안이 하도 어지러워서 한번 살펴봐 주시라 왔습니다."라고 하니까 "그러냐. 너는 큰 절에 가서 제는 돈 많이 들여서 잘 지냈다. 그런데 네 조상을 하나도 못 보내줬네. 그러니까 니들이 자면 누가 머리 쥐어박고, 발로 차고 그러지. 내 눈에는 그 조상을 내려놓기만 했지 보내주질 않고 대감들을 끌어내려서 방에다 가둬놓은 것이 원인 같다. 그러니까 애들하고 온 식구가 병이 드는 거지."라는 말이 나왔습니다.

그래서 그 집에 가서 제를 지내줬습니다. 제를 지내주고 가는데 벌써 그 영들이 다 나와서 나를 기다리고 있었습니다. 와주셔서 감사하다며. 조그마한 탕에다가 과일 3개, 밥, 이렇게만 놓고 지내주었습니다. 그런데 자꾸 영 중의 한 영감이 "나 가야 되는데 여비는 좀 줘야 되지 않냐."라고 했습니다. 그 말에 나는 "손자한테 그러세요, 난 몰라요."라고 했더니 자기가 집에 내려와서 이렇게 수년을 있다 올라가면 영의 세계에서도 친구들한테 술도 한잔 사 주고 그래야 하는데 내가 그냥 가면 되겠냐는 겁니다. 그래서 내가 저 밖에 가서 가만히 서있었더니 그 영감님 영이 손자 머리를 한 번 쥐어박으니까 그 손자가 주머니에서 돈을 꺼내 상에다 놓는 겁니다.

그러고는 제를 마치고 오려고 그랬는데 또 어떤 여자들이 우리 집에 신 받은 사람이 왔는데 뭐 너희들도 궁금한 거 있으면 와보라고 동네 사람들한테 그랬던 모양입니다. 여자들이 오는데 천 원짜리 한 장씩 들고 왔습니다. 그런데 갑자기 퇴계 선생님이 내 어깨를 탁 밟으니까 옆으로 고꾸라졌습니다. "야, 너 여기서 돈 천 원씩 받고 점쳐 줄래? 어서 가자."라고 하셨습니다. 사람들이 많고 시끄러워서 내 정신이 빠져서 조용히 얘기하면 못 알아들으니까 그러신 것 같았습니다. 그래서 얼른 상에 있는 것만 주워 가지고 나와서 버스를 탔는데 그곳의 사람들이 정신이 어지럽고 마음이 편안치가 않으니까 내가 너무 어지러웠습니다. 다시 버스에서 내려 택시를 타고 왔는데 택시비 주니까 상 위에서 가져왔던 돈과 딱 맞았습니다.

퇴계 선생님은 마음이 고약한 사람들이 오면 그렇게 내 몸을 펄펄 뛰게 만드셨습니다. 그럴 때면 내가 어떤 고약한 놈이 오는데 이러시냐고 화 좀 자중하시라고 했습니다. 불효한 자식들이 자가용에 공양미나 다른 공물을 잔뜩 싣고 오면 내가 쫓아 나가서 차에다 다시 실어서 쫓아냈습니다. 스님이 그러니까 얼마나 욕을 먹었겠습니까? "나쁜 년, 거지 같은 년, 집도 법당도 없는 년이 우리 같은 사람한테 잘하면 우리가 시주도 많이 하고 절도 지어줄 텐데. 야, 이년아! 너 그따위로 해가지고 절 꼬라지가 되겠냐?"라고 욕을 합니다. 퇴계 선생님이 내 마음에 살면서 그렇게 하시니까 내가 얼마나 힘들었겠습니까?

출가 전에 언젠가 사주 보는 사람을 찾아간 적이 있었는데 그 사람이 내 사주는 인간의 사주가 아니라고 했습니다. 영들이 와서 머물 수 있는 사주라는 겁니다. 그래서 퇴계 선생님과 부처님들이 와서 머물 수 있는 집이 될 수 있는지도 모르겠습니다.

미륵불법을 펼치기 위해서 퇴계 선생님은 당신의 학문만 공부하는 것이 아니라 기본적으로 인간이 먼저 되라고 하십니다. 어른을 공경하고 아이를 사랑하면서 그런 세계를 만들어야 한다는 겁니다.

3) 부처님들

처음에 부처님이 오셔서 저한테 해준 말씀이 전라도에서도 제자를 다시 만들어보고, 경상도에서도 만들어 봤는데 다들 3년 이내에 재벌이 되더라는 겁니다. 그래서 부처님이 떠나서 나를 선택하셨답니다. 그런데 부처님이 그 가진 원력을 전부 준다 해도 나는 싫고, 부처님이 그냥 일꾼으로만 쓰시면 하지 그렇지 않으면 저는 안 하겠다고 하니까, 산 부모님들처럼 껄껄 웃으시면서 "너는 어쩌면 그렇게 바보냐. 주는 것도 싫어하냐. 이 세상 천억 중생이 내 원력을 달라고 이렇게 아우성인데 너는 줘도 싫대냐."라고 하실 때 나는 "저는 줘도 싫습니다. 저는 일꾼 노릇만 하겠습니다."라고 했습니다.

내가 구도의 길을 가고 있는 중 쫓아 들어온 전 배우자가 패악질을 부릴 때였습니다. 하루는 방마다 자물쇠로 잠가버리고 나보고 또 나가라고 하니 승복을 입은 부처님들께서 나타나시어 "자혜야, 어서 가자. 저놈 살인할 것 같다. 여기서 살인하면 너도 못 살고 저놈도 못 산다. 어서 가자."라고 하셨습니다. 전 배우자의 이러한 패악질이 있을 때마다 저는 그러한 부처님들 말씀 따라 나가고 들어오기를 반복하다 하루는 또 전 배우자의 욕지거리가 시작되어 견딜 수 없어 어디 작은 절에나 가서 공양주라도 하고 살 결심으로 집을 나섰습니다.

밤 12시에 나가서 봉양을 향해 걸어갔습니다. 큰 관광차가 지나가면서 날 태워준다고 하기에 일단 타고는 봉양에서 내렸습니다. 거기서 내려 먼저 오는 아무 차나 타려고 했는데 원주 가는 차가 먼저 와서 타고는 원주에서 내렸습니다. 그랬더니 부처님들께서 진부 가는 차를 타라고 하시는 겁니다. 그래서 또 진부행 차를 타고 진부에서 내리니 OO사행 버스가 많아서 여기 온 김에 OO사 구경이나 하자하고 OO사로 갔습니다.

OO사에 도착해 지나가려는데 한 보살이 나보고 여기가 식당이니 들어오라고 하는 겁니다. 들어갔더니 우리 절에 와서 병이 나아져서 다시 OO사로 돌아갔던 ㅁㅁ스님이 날 보며 어쩐 일이냐며 나왔습니다. 무심코 내 입에서 "ㅁㅁ스님 데리러 왔지."라는 말이 나왔습니다.

  그 스님을 다시 만나 다시 절로 돌아오는 길에 OO사에 있다가 부처님이 △△사도 가고 보궁을 가라고 하셨습니다. 눈보라가 치는데도 보궁에 갔습니다. 거기서 부처님이 가시자고 말하라는 겁니다. 많이 무섭고 두려웠어도 들어가 "부처님, 가시지요."라고 하니까 뚜껑 없는 가마를 타고 나오셨습니다. 그 부처님을 모시고 비탈길을 내려오는데 계곡에서 아이들이 무척 떠드는 소리가 들렸습니다.

  그래서 ㅁㅁ스님에게 저 계곡에는 사람들이 얼마나 사느냐고 물었더니 거기는 사람이 안 산다는 겁니다. 저렇게 애들이 떠드는 소리가 들리는데 왜 안 산다고 거짓말하냐니까 재차 아니라는 겁니다. "아이고, 우리 스님이 문수 동자상을 만나셨네."라고 하는 겁니다. 그곳이 세조가 동자승으로 화하신 문수보살을 만나 괴질을 고쳤다는 계곡이라는 겁니다.

  계속 내려오다가 또 △△사에 들리라는 목소리가 들렸습니다.

△△사에 가서 그곳의 부처님께 "미륵불법을 지금부터 전 세계로 펴야 하는데 같이 가시죠."라고 하니까 안 된다고 하시는 겁니다. 두 시간을 쭈그리고 앉아 설명을 드리며 천등산에서 ◇◇산으로 다리를 놔서 오고 가시면서 불법을 펴시면 되지, 왜 이렇게 고집을 부리시냐니까 그때서야 일어나서 오셨습니다.

천등산이 영들이 내려오고 오르는 산이어서 부처님을 천상으로 보내드리기 위해 예전에 기도했던 자리에 가서 공양을 크게 올리라는 겁니다. 이 임무는 나밖에 할 사람이 없다고 하시면서. 전 세계에서 영이 내려오고 올라가는 산은 천등산뿐이라는 겁니다. 그런데 소문도 안 냈는데도 산척 있는 사람들이 다 오고 교회 다니는 사람이고 뭐고 다 와서 제 지내는 데에 참석을 했습니다. 난 그런 게 너무 신기했습니다.

또 어느 날엔 신도 중 한 분이 봉고차를 가지고 왔기에 경주에 좀 데려다 달라고 해서 석굴암에 갔습니다. 석굴암의 부처님을 유리로 막아놓은 것을 보고 눈물이 쏟아졌습니다. 내가 부처님을 이렇게 가둬놨다고 통탄해하면서 절을 하고 기도를 하니까 또 모시고 가라는 소리가 들렸습니다. 그래서 "부처님, 가시죠." 하니까 코끼리를 타고 나오셨습니다. 모시고 와서 또 공양을 크게 해서 천상으로 올려드렸습니다. 임무가 끝나 석가모니 부처님의 시대가 지났으니 보내드리고 미륵 불법을 펴야 한다는 것이었습니다.

4) 여러 이야기

① 어느 날 내가 꿈을 꿨는데 꿈속에서 어머니가 돌아가신다는 겁니다. 그래서 빨리 오라고 했는데 제가 좀 늦게 갔습니다.

도착해서 문지방 밖에 내가 딱 앉으면서 "어머니, 제가 늦어서 죄송해요."라고 하니까 까만 보따리 두 개를 쌓아놓으셨는데 그것들을 들고 일어서 가시면서 "아니다, 괜찮다. 네 덕에 내가 천상까지 주단이 쫙 깔렸는데, 네가 조금 늦게 왔다고 무슨 허물이 되겠냐."라고 하시면서 떠나는 꿈을 꿨습니다.

그래서 그 이튿날 그런 얘기를 했습니다. 그랬더니 그 ㅁㅁ스님이 "스님, 그 꿈 저 주세요. 우리 은사 스님 보내드려야 돼요. 우리 은사 스님이 그때 한번 가보니까 엄청 많이 아프시더라고요."

라고 하는 겁니다. "우리 은사 스님 보내드려야 돼요. 스님 그 꿈 저 주세요."라며 하루 종일 붙들고 흔드는 겁니다. 그래서 나중에는 할 수 없이 "알았다. 그럼 가져가라."라고 그랬습니다. 그랬더니 얼마 안 있다가 정말 그 스님이 돌아가셨습니다.

나중에 그 ○○사에서 연락이 왔습니다. 정작 ㅁㅁ스님은 자신의 은사 스님 장례는 안 가고 "내가 스님한테 꿈을 바꿔서 우리 스님을 잘 보내드렸으면 그걸로 된 거지 뭐."라 하고 말았습니다. 그래서 우리 어머니는 90이 다 되도록 더 오래 사시다 가셨습니다.

꿈이라는 게 사면 살 수 있고 팔면 팔 수 있는 거지만, 그 은사 스님이 6·25 때 탁발을 해서 절 전체 식구들과 노스님들을 굶지 않게 해드린 큰 공덕이 있어서 제 꿈이 그분께 전달이 된 것입니다. 부처님께서 그 스님의 공덕 때문에 내 꿈을 바꿔준 것입니다. 받는 사람이 너무 악독하면 꿈도 전달이 되질 않습니다. 이쪽에서 판다 해도 그쪽까지 갈 수가 없습니다.

② 예전에 내가 막 기도하기 시작했을 때 이 마을에 있는 한 영감님의 마나님이 돌아가셨습니다. 그런데 그 묘를 옛날 중원 군수가 처음으로 산신제 지낸 자리에다 썼다는 겁니다. 나는 여기서 기도하고 있었으니까 몰랐습니다. 그런데 내 입에서 "산신제 한 번도 안 지낸 것들이 중원 군수가 한 번 산신제 지낸 자리에다 묘를 썼다. 저것들 망할 망자를 등에 짊어지고 간다."라며 욕을 하고 앉아 있으니까 ◇◇스님이 가보겠다며 갔다 왔습니다. 갔더니 정말로 중원 군수가 산신제 지낸 자리가 명당이라고 거기다가 묘를 했다는 겁니다.

그런데 내 입에서 또 "야, 거기는 진짜 명당은 이제 바위가 나왔는데 바위를 안 깨고 거기다 써야 하는데 그것들은 무식해서 바위를 깼다. 그러면 망한진으로 간다."라며 미친 사람처럼 여기 앉아서 떠드니까 ◇◇스님이 또 가봤습니다. 가보니까 정말 그 바위를 깨서 묘를 썼답니다.

그러는 중에 그 집 영감님이 지나가기에 불렀습니다. "거기다 쓰면 집안 망하는데 왜 그렇게 했냐?"라고 내가 말하니까 "네까짓 게 뭘 아냐." 하고 막 욕을 하는 겁니다. 그래서 나는 "당신 마누라가 와서 자꾸 얘기해. 거기 무서워서 못 있는다고. 산신이 나가라고 한다고."라고 하니까 그 영감님은 "그러면 우리한테 와 얘기했지, 왜 너한테 와서 얘기했겠냐."라고 또 욕을 하는 겁니다. 얘기한들 자기들이 못 알아들어 놓고 말입니다.

그래서 그 집 장모, 죽은 여자 친정 식구들 다 쫓아와서 막 욕을 하고 마당에서 "쌍년아, 개년아, 때려죽일 년아."라며 욕들을 하기에 잘못했다고 미안하다고 하고 보냈습니다. 그런데 그 영감님이 6개월 정도 있다 죽었습니다.

그런 얘기들을 하면 나보고 미쳤다고 합니다. 네가 뭘 아느냐고 엄청나게 욕을 먹습니다. 어떨 때는 가족 중에 목매달아 죽은 사람이 있으면 목매달아 죽은, 혓바닥이 길게 나온 귀신들이 뒤에 줄줄이 따라옵니다. 그러면 엄청 힘들었습니다. 그래서 나중에는 안 보려고 그 보이는 눈을 닫았습니다. 처음에는 닫고 싶어도 안 닫히고, 열고 싶어도 안 열리더니, 조금 시기가 지나니까 닫을 수 있는 능력이 생겼습니다.

처음에는 점도 쳐주고 사주도 봐주고 그랬는데 나중에는 점 안 치고 부처님 법을 가르치는 교법으로만 하라고 하셨습니다. 점 쳐줘 봐야 그것에만 현혹돼서 참새 떼처럼 왔다가 떠나고, 아픈 놈 고쳐줘도 왔다가 떠나고 하니까 아픈 놈도 바로바로 고쳐주면 안 되고 자기들이 기도를 해서 마음을 닦아서 고치게 하라고 하셨습니다.

③ 전 배우자가 맨날 나를 내쫓아서 처음에는 ○○사도 갔다 오고 △△사도 갔다 와서 부처님을 모셔드리고 그랬는데, 나중에는 갈 곳이 없어 곤란하던 차에 전 배우자 고등학교 동창 한 분이 자신의 집으로 가자고 해서 갔었습니다. 그랬더니 전 배우자가 그분 집에 밤새도록 전화를 해서 모두들 잠을 설치게 했습니다. 그래서 여러 사람에게 피해를 주니 내가 다른 데 가서 자겠다고 나서서 한 여관을 갔습니다. 그때는 사람들이 한 10명 이상씩 따라다녔던 때라 인원수가 많으니 여관 주인이 넓은 폐백실을 주었습니다. 그때는 옛날이라 예식장도 겸하고 있었습니다. 거기서 좀 자다가 기거할 때가 마땅치 않으니 일행 중 장호원에 사는 분이 "스님, 이렇게 나오시기 어려운데 나오셨으니 저희 집에 좀 가시죠."라 해서 내가 "왜요?"라고 물으니 "저희들이 큰 도롯가에 상가를 쫙 만들어 놨는데 2년이 돼도 누가 들여다도 안 봅니다. 상가에 세를 놔야 하는데, 저희 집 사정이 이런데 저희 집에 좀 계시다 가시죠."라고 해서 그분을 따라갔습니다. 나는 집 대

문 쪽으로 해서 들어가 상가에 와있으니까 금방 사람들이 와서 "가게 세놓을 거죠?"라며 들어오는 겁니다. 그러니까 또 그 집주인이 "지금은 안 놔요. 지금 제가 우리 스님 모시고 왔는데 지금은 안 놔요. 나중에 오세요."라고 하면서 보냈습니다.

그분은 집이 경매에 들어가게 돼서 굿도 하고 다른 절에 가서 기도도 하고 별짓을 다 해도 안 풀리고, 기한이 한 달인가 두 달 정도 남아있는 시기에 우리 절에 오게 된 것입니다. 그런 차에 전 배우자가 또 패악질을 부리니 본인이 보기에 내가 전 배우자와 같이 살기 어려울 것 같아 자리를 하나 만들어 줄 테니 그냥 자리를 잡으라는 것입니다. 그러면서 차를 태워서 여기저기 다니며 내가 마음에 드는 곳을 택하라고 했습니다. 나는 오은사 터를 떠날 생각이 없었기에 한 산을 가리키며 저기에서 잠깐 있다가 갈 수 있겠다 했습니다. 그랬더니 그 땅은 내놓지도 않았다 해서 그러면 그만두라고 했습니다. 그랬더니 이 분이 그 땅 주인의 양손자한테 다음 날 아침에 가서 물었더니 그 땅의 소유자인 할머님이 안 팔 거라며 여쭤는 보겠다는 말을 전했답니다. 그 이튿날 찾아가니까 손자가 할머니께 들어가더니 "들어오시래요. 할머니가 허락하셨어요. 우리 할머님이 어제저녁에 스님이 와서 그 자리 준다고 벌써 약속을 했다네요. 꿈에 선몽을 받아서 스님이 그 자리를 좀 달라고 그래서 준다고 약속을 했대요."라고 했답니다. 그래서 바로 거기다 집을 지어서 한 2년 있었습니다. 원래 할머님이 안 판다 그랬는데 선몽을 받았다고 선뜻 내주고 그래서 영의 힘이 보이지 않게, 나도 모르게 이루어지나 봅니다.

④ 이천에서 약국을 했던 한 보살이 하혈이 자꾸 나서 병원에 가니까 자궁을 완전히 들어내라고 했답니다. 그래서 마음이 너무 허해서 같은 절에 다녔던 분을 찾아가서 왜 요새는 절에 안 오냐고 하니까 오은사에 다닌다고 하더랍니다. 그분 말을 듣고 여기서 3일 기도를 드리고 싶다고 해서 왔습니다. 이틀 밤을 자고 다음 날 아침에 문밖에서 잠깐 졸았던 모양입니다. 나중에 내게 "스님, 저 꿈꿨어요. 무슨 꿈을 길에 앉아서 꾸네."라고 하기에 "무슨 꿈을 꿨는데?"라고 하니까 어떤 스님이 오시더니 "야, 너는 자궁보다 대장이 더 안 좋다." 그러면서 창자를 꺼내가지고 서서 쭉쭉 훑으니까 고름이 줄줄 쏟아지더라는 겁니다. 그러고는 돌돌 말아서 배 속에 넣어주고, 자궁을 이렇게 보여주면서 "자궁벽에 이렇게 딱지가 많으니까 네가 하혈을 하잖니. 그런데 이거는 자

궁 들어낼 일은 아니다. 내가 다 고쳐줄 테니까 걱정 마라."라고 하시며 과도 하나를 가지고 슬슬 긁으니까 까만 딱지가 수북하게 쌓이게 떨어지더랍니다.

그 보살이 기도가 끝나고 갔다가 며칠 있다 다시 왔습니다. 와서는 "스님, 너무 신기해요."라고 했습니다. 집에 돌아가서 화장실에 갔더니 꿈에서 본 그대로 대장에서 고름이 그렇게 쏟아지고 자궁에서는 검은 딱지가 변기에 가득 쏟아지더라는 겁니다. 그래서 자궁도 안 들어내게 됐습니다.

그것은 인간이 이해할 수 없는 거고, 상상도 할 수 없는 기적을 그렇게 어르신들이 할 수 있는 겁니다. 그 사람이 불심이 대단해서 절의 일을 많이 하고 시주도 열심히 하니까 그렇게 부처님이 오자마자 상을 주신 겁니다.

⑤ 내가 사고 나기 전 ○○사 스님과 있을 때였습니다. 오전에 나물을 다듬고 있는데 갑자기 앞에 하얀 사람 형태의 물체가 나타났습니다. 그래서 "너는 누구니?"라고 했더니 "저는 천상에서 죄를 많이 지어서 뱀의 육신을 받고 이 세상에 내려왔습니다. 스님 같은 사람을 만나기가 어려운데, 이번 기회에 제가 해탈을 못 하

면 어렵습니다. 그런데 육신의 습관인 도망가는 습관이 있어서 저 스님이 저를 삽으로 쳤는데 제가 도망가는 바람에 꼬리만 잘리고 몸통만 남았습니다. 제가 얼른 해탈되고 싶으니 스님 저 좀 도와주십시오."라고 하는 겁니다.

그래서 그 스님을 보니까 삽을 들고 왔다 갔다 했습니다. 그래서 내가 그 스님보고 뭐 하고 있냐니까 뱀이 있는데 삽으로 쳤더니 굴속으로 들어갔는데 꼬리가 잘렸다고 했습니다. 그 영이 얘기하는 것과 똑같았습니다. 지금 그 뱀이 어디 있다고, 얼른 자기를 잡아달라 한다고 말했더니 그 스님이 빤히 나를 쳐다보는 겁니다. 나는 "나도 진짜인지 가짜인지 몰라. 근데 와서 얘기를 해. 그래서 내가 전해주는 거니까 거길 가봐. 있나 없나."라 했고, 그 스님이 그 굴에 가더니 "스님, 진짜 여기 있어요. 도망 안 가고 있네요."라고 했습니다. 자기 해탈시켜 달라고 기다리고 있는 겁니다. 그래서 그 OO사 스님이 걔를 죽여서 해탈을 시켰습니다. 그리고는 잊고 있다가 저녁때 화장실에 가서 가만히 있으니까 또 흰 물체가 나타나서 "너는 누구니?"라고 했더니 "제가 아까 그 뱀의 영신이에요."라 하는 겁니다. 그러면서 감사하다는 인사하러 왔다고 하고는 천상으로 올라갔습니다.

내 앞에 오면 내가 기도한 원력으로 자연히 소멸이 되는 겁니다. 그 영이 자기가 이제 천상으로 가서 복직돼서 잘 살면 내가 어려울 때 와서 도와주겠다고 그러면서 영가가 갔습니다. 너무 신기해서 처음에는 믿어야 하나 말아야 하나 갈등도 많았습니다.

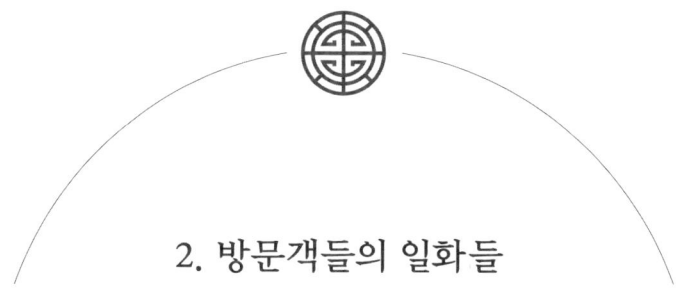

2. 방문객들의 일화들

1) 질병 치료

여기 부처님들은 첫째로 건강을 생각해 주십니다. 누구든지 우리 절에 오면 먼저 "당신은 어디가 안 좋은 것 같다, 건강 관리를 이렇게 했으면 좋겠다."라고 가르쳐줍니다. 그래서 어떤 사람이 사업하다 다 망해서 돈도 없다고 하면 충주 ○○ 한의원에 들렸다 가라고 합니다. 그러면 나중에 ○○ 한의사께서 전화를 합니다.

"스님은 진맥도 안 하시는 분이 어떻게 정확할 때 보내셨어요?"라고 합니다. 그러면 내가 "그래, 그분이 어떤데요?"라고 하면 한 의사가 "간경화되기 직전에 왔는데요."라고 합니다. 그러면 내가 "약 한 채 해주세요. 그 사람 돈 없다니까 내가 드릴 테니까."라고 합니다. 나는 고기 사서 방생하는 게 아니라 그렇게 힘든 사람 오면 내가 약을 한 채씩 해줍니다.

① 한번은 제천에서 유방암에 걸린 환자가 왔습니다. 병원에서 유방암 진단을 받았는데 이 절에서 일주일만 있다 가겠다고 했습니다. 저는 기도하는 데 돈이나 쌀 등을 가져오라는 말을 일절 하지 않습니다. 그에게 마음이 소중하니 마음만 갖고 오라고 했습니다. 그가 와서 법당에서 기도할 때 밥이며 설거지도 다 내가 도맡아 했습니다.

법당에 들어가서 내가 부처님 앞에 앉고 내 앞에 앉아있는 환자를 가만히 들여다보며 환자의 병이 왔다 갔다 하는 것이 보여서 이쪽을 두드려라 저쪽을 두드려라 하면 세숫대야에 개구리 알 같은 것을 토해내곤 했습니다.

그렇게 병이 나았고 가서는 다시는 오지 않았습니다. 병이 나았으니 시주를 해야 한다는 부담감 때문인 것 같았습니다.

② 또 다른 경우는 강화도에서 온 사람은 자궁암으로 만삭이 된 것 같이 배가 부풀고 복수까지 차서 영등포의 큰 병원에 가서 수술을 했었답니다. 수술 당시 의사가 혹을 떼어냈다고 했는데 퇴원 후 살다가 혹이 떼어지지 않았고 그대로 만져지더라는 겁니다. 그래서 그 병원에 가서 엄청 싸웠답니다. 그러다가 여기 소문을 듣고 왔다고 했습니다.

그는 여기가 마음 닦는 곳이라 자기 마음 좀 닦고 가겠다고 했습니다. 그래서 "무슨 마음을 그렇게 닦을 게 있냐."라고 했더니 본인이 딸을 넷을 낳았는데 넷을 낳고 나니까 자기 남편이 바람이 나서 집을 나가더니 나중에 남자애를 하나 안고 들어왔다고 했습니다.

남편이 바람피우는 20년 세월 동안 상대 여자들에게 가서 머리채를 뜯고 집 다 때려 부수고 하는 일들을 여러 사람한테 많이 했답니다. 이제 자기가 병이 들어 죽을 때가 되니까 그 잘못을 참회하고 싶다고 했습니다.

그가 기도하기 시작한 지 3일째 되던 날에 자기 입에서 "너 불쌍하다. 오은사의 미륵불인데, 널 고쳐주마. 걱정하지 마라."라는 말이 나왔답니다. 그 당시에 사람들이 법당에 들어가면 스스로가 손을 흔들면서 몸의 여러 부위를 두드리곤 했습니다. 난 그들이 왜 몸을 두드리는지도 몰라서 엄청 무서웠습니다. 나중에 내가 그 사람들에게 왜 몸을 두드렸느냐 물어보면 집에서는 그 부위가 너무 아팠다고 했습니다. 옷을 걷어보면 시커멓게 멍이 들어 있었습니다. 법당에서 아픈 부위의 병이 풀리느라 각자 아픈 곳을 두드렸던 것입니다.

그 강화도 분이 일주일 동안의 기도를 마치고 집에 가서 하루는 화장실엔 가기 싫고 요강을 찾게 되더랍니다. 요강에 일을 보니 덩어리와 복수가 몽땅 빠져서 요강에 가득했다고 했습니다. 그 후 보름 만에 다시 절에 왔는데 5만 원짜리 이불 하나 사다 주고 그 이후엔 다시 오지 않았습니다.

③ 서울에서 온 어떤 이는 아기를 일곱 번째 가졌다고 했습니다. 유산이 여섯 명이 됐었답니다. 그런데 나는 무서웠습니다. 주위의 할머니들이 저 아기 엄마가 아기를 낳으려는지 막 문을 잡았다고 했습니다.

난 출산한 경험이 없었기에 "그럼 어떻게 해요. 병원으로 가야지." 했더니 그 아기 엄마가 하는 말이 "저 이래서 병원에 갈 때마다 그냥 유산만 했어요. 여섯 번 전부요. 가도 소용없어요. 이번에 병원 갔더니 안 된다 해서 이리로 온 거예요."라고 했습니다. 나는 법당에서 얼른 축원해 주고 자가용을 가지고 온 사람들이 아기 엄마를 병원에 데려다주었습니다.

그런데 그 아기 엄마를 보내놓고 나는 하혈이 일주일 동안 지속되어 수건을 20장씩 쌓아놓고 옆에서 사람이 지키고 있다가 그 수건을 빨고 갈아주곤 했습니다. 우리 도사님들이 내가 죽는다고 병원에 가자고 했지만 나는 남의 병을 그대로 앓는 거 알면서 왜 병원에 가자고 하냐 했고 하혈을 일주일 동안 하고 그쳤습니다.

이후 그 아기 엄마가 아기를 데리고 왔기에 어떻게 유산이 안 되고 이렇게 잘 낳아서 왔나 했더니 장호원쯤 가니 자기 눈에 커다란 손이 배를 슬슬 쓸어 올려주는 것이 보이더랍니다. 그랬더니 밑으로 처졌던 아기가 다시 올라붙더랍니다. 그는 아들을 낳았습니다.

④ 한번은 강원도에서 온 사람은 위가 아파 죽을 것 같아서 부인하고 둘이 왔습니다. 그때는 사람들이 너무 많이 와서 나는 아침 한 숟갈 먹고 점심, 저녁은 먹지도 못할 정도였습니다. 나중에 보니까 그분이 길에 가다가 구역질을 하더니 수제비 같은 허연 덩어리를 엄청나게 쏟아놓는 거였습니다. 그러더니 속이 안 아프다며 돈 내고 가더니 소식도 없었습니다.

⑤ 경상도에서 온 한 분은 자신의 둘째 며느리가 아기를 낳았는데 아이가 새까만 게 막 달달 떨고 숨도 잘 못 쉬더랍니다. 그래서 대구 ○○병원을 데리고 갔는데, 의사 선생님이 보더니 이마에다 주사를 하나 꽂아주면서 내일 아침에 결과를 봐서 입원을 시키든지 하자고 했답니다. 그래서 집에 가서 자고 다음 날 병원에 갔더니, 아니 9시 전에 방송으로 불러서 가니까 데려가라 그러더라는 겁니다. 병원에 있다고 살고 집에 간다고 죽겠냐면서 데려가라고 하더라는 겁니다. 그런데 그분의 마음속에서 '내가 오은사의 미륵부처이다. 내가 구해주마. 여기서 못 구하는 걸 자꾸 매달려서 되겠느냐.'라고 하더랍니다.

그래서 집에 데려다 놓고 상에 물을 떠놓고 기도를 하니 손이 내리더니 아이를 만져서 나중에 손이 딱 머무르면서 마음속으로 '내가 미륵부처인데 이 아이 살려줄 테니 염려 마라. 그런데 증거가 나올 테니까 그것을 버리지 말고 많은 중생한테 보여줘라.'라고 했답니다.

아이 몸에서 반투명한 물질이 나왔는데 그것이 중생에게 보여줘야 할 병 치유의 증거인 것도 모르고 무심결에 버렸답니다. 버리고 나서야 중생에게 보여주라던 부처님 말씀이 생각이 나서 걱정을 했답니다. 그러고서는 또 한 번 아이 몸에서 흰 물질이 나오고 보름이 지나도록 아이가 울지 않아 부처님께 기도를 하니 "그래서 내가 오은사에 못 가고 여기 기다리고 있다. 보름 되면 이기가 울게 해줄 테니 기다려라."라고 하시더랍니다.

그래서 보름 되니까 애가 앙앙하고 울더라는 겁니다. 그 댁 할아버지가 절에 가는 걸 제일 싫어하는데 별의별 걸 다 싸서 여길 왔었습니다.

⑥ 제천에서 온 어떤 사람은 자기 아들이 손이 펴지지 않고 오그라들었다며 여기에 데리고 온 적이 있었습니다. 그 아이는 여기에 오자 손이 자동으로 쥐었다 폈다가 됐습니다. 그러니 아이

아버지가 공양을 하겠다고 해서 공양을 올리는데 산신제를 지냈던 자리에 가서 올려줬습니다. 바람이 세게 불어서 그 남자가 시루를 들고 간신히 올라왔습니다. 그런데 그 사람이 마음이 좋지 못했는지 시험에 들기도 했었습니다. 어쨌든 제를 올리고 아이의 손이 좋아져서 돌아가니 동네 사람들이 신기하다고 다 몰려들어서 구경을 했는데 그 아이 아버지는 원래 펴졌었다며 거짓말을 했답니다. 그랬더니 그 아이의 손이 다시 오그라들었답니다.

⑦ 또 어떤 이는 척추마비로 서울 척추병원에 가서 몇 달 입원했는데도 못 고쳐서 왔습니다. 4월 초파일 땐데 친구가 허리를 끌어안고 차에서 내릴 정도였습니다. 자기가 여기서 100일 기도를 좀 했으면 좋겠다고 해서 그러라고 그랬더니 자기는 부모님들이 교회 다녀서 쌀 한 말도 못 갖고 왔다고 했습니다. 나는 괜찮다고 마음만 가져오라고 했습니다. 그래서 100일 동안 이 집을 짓게 됐습니다.

가서 흙을 파면 허리가 덜 아프고 앉아있으면 허리가 더 아프고, 그러면서 자기 입에서 "너는 시주도 하나도 못 하는데 다른 사람 논다고 너도 노냐, 열심히 해라."라는 말이 나왔답니다. 그러다가 하루 저녁 자고 나면 커다란 종기가 다리에 5~6개씩 나 있었습니다. 그러다가 하루 이틀 지나서 아침에 보면 그게 다 터져 없었습니다.

그 사람이 혈액이 너무 탁해서 몸에 염증이 너무 많은 거였습니다. 염증이 100일 기도 동안 다 뽑힌 것이었습니다.

⑧ 35년 전에 있었던 일입니다. 어떤 이가 마비가 돼가지고 집에 누워있다가 병원에 실려 갔는데 밤새도록 진통제를 놔도 더 아프다고 악을 쓰니 병원에서 새벽에 데리고 나가라고 했답니다. 그래서 그 사람을 아침 8시 됐는데 여기로 데리고 왔습니다. 내가 이렇게 중한 사람을 병원으로 가야지, 왜 이리로 왔냐고 했더니 밤새도록 병원에서 소리 질러서 의사가 단위를 높은 주사를 계속 놓아도 더 아프다고 하고 있으니까 무섭다고 얼른 데리고 나가라고 했답니다.

그래서 집으로 데리고 가려니 노모가 있어서 이리로 데리고 왔다고 해서 전 배우자하고 내가 몸의 한쪽씩을 주무르며 마사지를 해주었습니다. 그랬더니 막 울어서 왜 우냐고 했더니 너무 아프다는 겁니다. 전 배우자가 운동했던 손으로 하니까 아픈가 싶어 좀 자제를 해주라고 했더니 "아니, 그 남자 스님은 안 아픈데 자혜 스님 손이 너무 아파요."라고 하는 겁니다. 그 말에 전 배우자는 손을 떼고 가버리고 내가 2시간 정도를 마사지를 해줬더니 일어나서 화장실을 가는 거였습니다. 그 길로 일어서서 걷게 되었습니다.

그래서 병원에 갔다가 자기 집에 가게 됐습니다. 집에 가면 또다시 아파오니까 여길 다시 왔습니다. 여기 오면 차도가 있었습니다. 그렇게 병세가 호전돼서 그 인연으로 이 집을 짓게 됐습니다. 원래 아들 보려고 딸만 넷이나 낳았었는데 100일 기도 후에 아들을 얻고 그 후부터는 발을 끊었습니다.

여기는 누구나 오면 건강부터 살펴줍니다. 건강해야 사업도 잘되고 건강이 무너지면 헛일입니다. 돈이나 재물, 성공보다 건강이 우선입니다. 건강해야 무엇이든지 이룰 수 있습니다. 아무리 쌓아놓고 있어도 무너지면 헛일입니다. 잘되고 싶고 오래 살고 싶고 돈 벌고 싶은 욕망이 끊어지면 육신이 편안해지기 시작합니다.

이러한 부처님의 원력을 내가 행사를 하니 시기심이 많은 사람들로부터 고발을 당했습니다. 마치 내가 부처라는 행세를 하며 혹세무민한다는 허위 사실과 전남편이 한약과 관련된 일로 두 달간 구속됐던 일로 인해 경찰서에 가서 조사를 받았습니다.

　전남편은 평소에는 내 앞에서 호령을 하고 큰소리치더니 경찰 앞에서는 아무 소리도 못 하고 있는 겁니다. 담배를 한 갑이나 피워대던 경찰이 당당했던 태도의 나에게 저 위에 누가 있냐는 거였습니다. 저 위에 부처님만 계시지 누가 있겠느냐고 하니 그 경찰은 그게 아니고 중앙에 누가 있느냐는 겁니다. 그러지 않고서 여자가 이렇게 배짱이 좋을 수가 없다는 겁니다. 나는 아무도 없다고 했습니다.

　또 어떨 때는 중들이 몰려와서 내 멱살을 잡고 온갖 상스러운 욕을 하며 패악질을 부리기도 했습니다. 이러한 일련의 일들이 질병을 고치는 부처님의 원력을 보이면서 내가 겪어야 할 핍박이었습니다.

2) 스님께 말만 해도 이루어지다

여기에 오는 사람 중에 조상님들이 공덕을 많이 지은 사람들이 오면 와서 말만 하고 가도 해결이 나는 경우가 있습니다. 한번은 서울에서 온 분이 있는데 자기가 어려서 하도 학교 다니면서 못된 짓을 해서 아버지가 학교를 안 보내고 집 뒤에 사찰이 있었는데 거기 스님한테 갖다 맡겼답니다. 자기는 그 스님하고 엄청 오래 살았다고 했습니다. 그 절을 나와 서울에 와서 사업을 하는데 옆의 땅을 본인이 사야 하는데 그 땅 주인이 그렇게 약을 올리고 안 팔고 해서 아주 어려운데 내 얘기를 듣고 한번 왔다는 겁니다. 그러면서 자기 사정 얘기를 다 하고 어렸을 때 얘기도 다 털어놨습니다.

자기 어려서 아버지가 시키는 대로 안 하고 못된 짓을 많이 했고, 재산은 많이 있는 집이어서 그 사찰을 먹여 살리고 아버지가 재산을 다 주면서 자기를 그 사찰에 맡기고 스님을 독선생으로 삼았답니다. 그래도 착한 성품이 있어서 도망 안 가고 있었나 봅니다. 거기서 그냥 고등학교도 못 다니고 스님한테 불법 공부만 했답니다. 지금은 서울에서 사업도 하고 사는데 그런 어려움이 있다고 와서 얘기를 했었습니다. 그러다가 한 보름 정도 지나서 다시 왔습니다. 그래서 왜 이렇게 자주 오시냐 하니 "스님, 너무 감사해서 왔어요. 여기 있다 가니까 그렇게 그 땅을 안 팔던 사람이 기다리고 있잖아요, 팔려고요."라고 하는 겁니다.

그래서 그 땅을 사서 자기의 마음과 뜻대로 잘 펼치고 산다고 해서 너무 뜻밖이었습니다. 그분은 기도를 했다든가 하는 어떤 행위도 없었는데 그냥 저절로 일이 잘 풀린 겁니다. 자기 마음을 나한테 털어놓은 겁니다. 말이 법이니 말만 해도 이루어진 것 같습니다. 그래서 마음속과 말이 일치가 돼야 합니다. 거짓으로 말만 떠들어도 안 되는 겁니다.

신도 중에 처녀 때, 스물두 살인가 때부터 여기 다니는 분이 있습니다. 그런데 그 사람이 시집을 갔는데 시할머니까지 계시고, 시어머니가 성격이 엄청 강하신데 잘 견뎌서 지금까지 잘 살고 있습니다. 살면서 어려우면 내게 전화를 했습니다. 밤 12시든 1시든 전화해서 "스님, 이런 일이 있는데 어떻게 하죠? 우리 할머니가 화가 나셨는데 어떻게 해야 할머니 화가 풀릴까요?" 그러면 내가 "무슨 일이 있었냐"고 하면 이러 저러한 일이 있었다고 하면 어떻게 해주라고 말해줍니다. 그러면 화가 안 풀리던 분이 내가 말한 대로 하면 금방 화가 풀리더라는 겁니다. 여기서 기도하면서 퇴계 선생님께 지혜를 얻어가니 여기를 열심히 다닐 수밖에 없는 겁니다. 물론 본인이 참을성도 있었기에 그 많은 고뇌와 어려움을 이겨낼 수 있었던 것입니다.

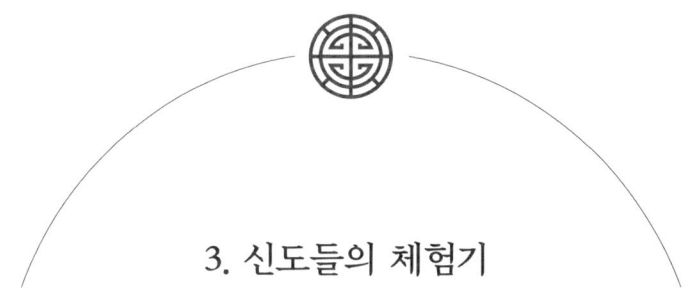

3. 신도들의 체험기

1) 30년 인연

저는 스님하고의 인연이 30년이 넘었습니다. 30년이 넘었는데도 제일 많이 혼나는 게 또 접니다. 처음에는 저 23, 24살 때 스님을 만났거든요. 그때는 정말 아기였죠. 그 당시에는 말을 잘 못 했어요. 이렇게 상대방이 있으면 얼굴이 홍당무가 될 정도였어요. 저는 2남 3녀 중에 장녀였지만 동생들한테도 내 주장을 잘 못 했어요. 남한테 말도 못 했어요. 그래서 뭔가를 하려고 하면 너무너무 힘들었어요.

그런데 제가 처음 스님 만난 인연이 고등학교 때 친구가 여기 있다고 얘기를 하며 한번 놀러 오래서 온 것이 스님과 인연이 됐습니다. 그런데 첫 만남에 스님이 "야, 너 성질 더럽게 생겼다."라고 하시는 거예요.

그때가 회사 생활도 좀 어렵고 뭔가 좀 안 되니까 제가 회사 하루 결근하고 천등산 꼭대기를 올랐다가 스님을 찾아온 거죠. 스님께서 내 속 얘기를 말씀하시기에 친구에게 "내 얘기를 스님한테 어떻게 했느냐. 스님이 어떻게 내 얘기를 그렇게 일일이, 속속들이 다 아느냐?"라고 했더니 자기는 스님께 한마디도 안 했다는 거예요.

그래서 "무슨 소리냐? 너 하고 나만 아는 말을 스님이 다 알고 계시는데, 무슨 소리냐."라고 했죠. 그래서 처음에는 막 친구도 원망하고 그랬어요.

그런데 나중에 알고 보니 남한테 입 밖에 내지 않은 내용을 스님이 알고 계시더라고요. 그래서 '그때 스님이 그래서 그러셨구나.'라고 했죠. 스님이 나만 아는 얘기인데, 누구한테도 내가 말을 하지 않았는데 스님이 그 내 마음을 다 들추시는 거예요. 스님이 말 세 마디 하셨는데 그냥 눈물이 펑펑 나가지고 제 속상한 마음을 이렇게 털어주셨던 거죠. 그냥 뭐 펑펑, 정말 대성통곡이 나왔죠.

그러다가 내가 결혼한 지 얼마 안 있다가 스님은 교통사고 나셨고, 그 후 누워 계시면서도 한 발짝 딱 들여놨을 때 스님 입에서 욕이 나오면서 당장 가라고 하시니 저는 몰랐죠. 그 당시엔 몰랐고 나중에서야 알았지만, 마음가짐을 바로 하고 오지 않았기 때문이었죠. 스님께선 마음을 덜 벗고, 헛된 거 고민하고, 되지 않는 일을 하려 하고, 욕심을 내고 하면 막 욕을 하셨다 하십니다.

절에 딱 들어서면 총알같이 방에서 막 계속 욕을 하셔서 여기 못 있고 쫓겨난 날도 되게 많았어요. 그런 일을 여러 번 겪으면서 요령이 생겨 절에 오기 전에 내 마음을 스캔하기 시작했습니다. 뭔가 작은 것, 무슨 씨앗이 있구나 하는 생각을 해서 그거를 찾아내는 거죠. 그 씨앗이 트지 못하게 씨앗 자체를 털어버려야지 씨앗 하나가 많이 자라면 그걸 없애기가 엄청 힘든 거라는 스님 말씀에 내 마음을 스님께 말씀드리면 마음이 편해지죠. 스님께 말씀을 드리면 그 어지러운 마음이 소멸이 됩니다.

나중에는 마음이 싹 트지 못하게 버리는 훈련을 하고, 절에 오기 전에 그런 마음을 털어놓고 오면 스님도 편안하시고 제가 고민을 잔뜩 가지고 오면 스님은 쳐다보시지도 않고 하루 종일 주무시기만 하시죠. 내 마음이 편안해진 것은 어느 정도 마음공부가 돼가고 있다는 뜻이었습니다.

그러나 그렇게 마음공부를 하고 있는 와중에도 생활인으로서 살다 보면 스님의 조언을 안 듣고 내 욕심대로 일 처리를 하는 경우도 많습니다. 그럴 때는 스님도 미리 바르지 못한 마음의 싹을 자르기보다 곤두박질쳐서 스스로 깨닫게 해야겠다고 하십니다. 그러나 어떤 고민거리가 있어 스님께 여쭤보면 선택권은 항상 저에게 주시죠.

선택은 내가 해도 용기가 필요했습니다. 생활하면서 나의 못된 버릇도 있었고, 내가 행하지 말아야 하는 부끄러운 부분도 있었고, 정말 창피하고 그런 부분들은 일단은 끄집어낸다는 자체가 용기가 되게 필요했어요. 그리고 일상생활하면서 제가 기도했다거나 좀 깨달은 것, 스님한테 얘기했던 것들을 가끔씩 스님께서 많은 신도 앞에서 그걸 내놓으시죠. 처음에는 밖에서 청소하다가 그 소리를 듣고는 얼굴이 뜨거워서 어떻게 어디 숨을 구멍이 없는 거예요. 그런데 많은 사람 앞에 그렇게까지 내놓고 그런 나의 일상생활을 스님이 터주셨을 때 '그래, 이게 창피한 건데 앞으론 더 하면 안 되는 거구나.'라고 생각하죠.

그리고 사람들이 내 얘기를 들었을 때 이거는 나만의 일이 아니고 많은 사람도 똑같이 일어날 수 있는 생활이구나 하는 것을 알게 됩니다. 스님이 나의 모순된 점들을 사람들에게 많이 얘기를 하실 때 내가 듣기에도 정말 얼굴이 화끈하고 뜨거운데 두 번 다시는 행해서는 안 되는 일로 생각하죠.

스님은 그걸 밭의 잡초로 비유하십니다. 잡초를 뽑아서 햇볕에 뿌리를 드러내어 말라야 죽으니까 인간들 마음의 나쁜 것, 나쁜 성품도 많은 사람한테 드러내야 본인이 고친다고 하시죠. 잡초가 드러나서 햇볕에 말라죽듯이 드러나야, 자기가 창피한 걸 알아야 끝난다고 하시죠.

내 마음을 변화시키고 닦는다는 것이 굉장히 힘들죠. 생각처럼 마음이 쉽게 바뀌는 것이 아니니까요. 그럴 때면 '미륵존 여래불'이라고 주력을 했습니다. 스님 만나고부터는 그냥 오며 가며 지금도 마찬가지로 주력을 많이 하고 그 주력을 하다 보면 그냥 마음이 비워지죠. 큰 소리로 '미륵존 여래불'을 외워도 마음이 잘 안 비워지면 불에 종이 태우듯 태워버리기도 했죠. 제 쓰레기 같은 마음을 자꾸 태우고 주력도 많이 하고 그래서 상대방 마음도 이렇게 좀 볼 수 있고, 스스로도 자연스러워졌습니다.

자혜원 원생들을 키우면서 내 아이처럼 키우던 그 아이들에게 잔소리 좀 했다고 뒤통수 뒤로 "엄마도 아닌 것이 ××하네." 소릴 들었을 때는, 다른 사람들에겐 무급 봉사만으로도 칭찬받을 일인데도 애들에게 욕까지 들었을 때는 출근하며 울고 퇴근할 때 울곤 했었죠.

그럴 때 스님은 "×같은 년, ××년은 말에 불과한 것이다. 굳이 욕이라 생각하고 마음에 들여놓고 속상해하고 아파할 필요가 없다."라고 하셨습니다. 그래서 내가 엄마 아닌 거 맞고 또 그 아이가 화가 났으니까 충분하게 그럴 수 있다는 생각을 하고부터는 그 마음을 내려놓게 됐습니다.

저희 시댁은 여러 갈등이 있었는데 갓 시집온 내가 시할머니를 모셔야 하는 상황이 있었습니다. 어른들을 어떻게 모셔야 할지를 몰라 스님께 전화로 하소연을 하니 할머니도 아기와 같으니 할머니께 스킨십을 많이 해주고, 할머니하고 많이 접촉하고, 할머니 사랑한다고 얘기를 해주라는데 저의 일반 마음만으로는 그렇게 하지 못하죠. 도저히 할 수가 없었어요. 그런데 스님 마음이 실려 오니까 할 수 있었어요. 그렇게 할머니를 모신지 한 15년 정도 되니까 그때서야 스님이 제 마음을 조금 읽어주시더라고요.

애쓴 거에 대한 마음을 그때 스님이 조금 읽어주시는 거예요. 그래서 저도 할머니하고 미운 정 고운 정이 다 들어서 어느 정도 내 마음의 숨이 죽은 상태여도 제가 속상한 마음을 그래도 가지고 있으니까 스님이 그걸 끄집어서 마음을 좀 달래주시더라고요. 스님이 15년이나 지난 뒤에 알아주신 것은 처음부터 잘한다고 칭찬하면 기고만장해져서 중간에 맥이 끊어질까 봐 그러셨다고 하셨어요. 그때 제가 스님을 믿고 따라가는 과정이, 그 마음공부가 그 당시에 되게 힘들었죠.

내가 스님의 말씀을 듣고 행해야지 하는 행동이 막상 집에 가보면 아이들도 있고 할머니도 있고 신랑도 있고, 그 마음을 쓰기가 쉽지가 않더라는 얘기죠. 그랬을 때 그런 마음을 버리는 게 너무너무 힘들었어요. 그럴 때 주력이 필요했죠. 그래서 저는 그 주력을 스님이고 부처님이라고 생각하고, 제 주변에서 항상 하니까 되더라는 얘기죠. 욕심을 내려놓기가 쉽지는 않았지만, 주력을 하니까 내려앉더라고요.

스님께서는 '나'라는 존재가 있을 때는 아무것도 못 한다고 하셨습니다. 쓸데없는 악심과 욕심은 채워주지 말아야 하지만 상대방 마음에 맞춰주면 분쟁이 없고, '나'라는 존재가 없을 때 제일 편하고 주변이 평화가 오는 거라고 하셨죠.

2) 검찰직 신도

제가 스님을 처음 만나 뵌 건 내 나이 29살 때였습니다. 문지방을 넘어 방으로 들어오려고 한 발을 들였는데 갑자기 스님께서 욕을 하셨었죠. 그런데 처음엔 '뭐지?' 이런 생각이 들다가 오히려 사랑을 느꼈죠. 내게 관심조차 없다면 초면에 욕부터 하실 리가 없을 테니까요. 싫지가 않았으니까 그게 인연인 거죠.

처음 여기 와서 한 이틀 정도 잤는데, 아침에 눈 뜨고 일어났는데 갑자기 '사람의 생로병사가 다 하늘의 이치인데, 나고 죽는 거에 신경 쓰지 마라.' 이런 생각이 불현듯 들더라고요.

그게 아마 부처님이 말씀하신 것이 아니었나 싶더라고요. 그 말씀을 듣고 나서 종종 아팠던 몸도 회복되기 시작했습니다.

또 며칠 후에 자다가 일어났는데 '네 몸 대우받기를 바라지 말아라.' 이런 말이 딱 생각이 나더라고요. 부처님이 저한테 그 두 개의 법문을 주신 것 같아요.

지금도 그 법문을 잊지 않고 살려고 하는데 가끔가다가 그 법문 잊어버리면 이제 스님께 찾아와서 혼나는 거죠. 그런데 혼난다기보다, 보통 사람들은 혼난다고 표현하지만, 바르게 가는 길을 일러주시는 건데 이게 충격이 확 오지 않으면 깨닫지 못하기 때문인 거죠. 깨달음이라는 것이 깨져야 하는 거니까요.

어느 때는 피의자들이 와서 말도 안 듣고 해서 힘들다고 스님께 여쭈면 "그 사람들이 너한테 고객인데, 고객 관리를 잘해야지. 네가 그 사람들이 범인이라고 함부로 해서 되겠냐. 그러면 안 된다. 다른 사람이야 어떻게 하든 너는 네 앞에 오는 사람한테 커피도 주고, 좋은 말도 해주고, 칭찬을 많이 해서 그 사람이 회유될 수 있게 길을 인도해야지. 욕을 하거나 범죄자가 어떻고 말하는 거는 너한테도 도움이 안 되고 그 사람한테도 도움이 안 된다."라고 하십니다.

스님께서 늘 이렇게 말씀하시니까 내가 많이 참작해서 다른 사람같이 흥분해서 조사를 안 하고 차분하게 인간 대 인간으로 커피도 주고 하니까 피의자들이 말을 잘 듣더라고요. 스님은 그들이 절대적인 고객이고, 그런 사람들 덕에 밥 먹고 사는 것이라고 하십니다.

스님이 말씀하신 대로 어느 날 커피 주면서 말이라도 따뜻하게 어디 불편한 데 없나, 내가 당신이 불편한 거 있으면 다 들어준다고 하면 상대 마음이 풀리는 것 같았습니다. 그러면서 커피 한 잔씩 마시면서 대화 한 20~30분 그냥 사는 얘기, 당신은 뭐 하고 살았나, 학교를 어디 나왔나 물어보고 친구는 누군지 등등을 묻다 보면 자연스럽게 그 사람도 저한테 생각이 오더라고요. 스님을 본받아 사회생활에서도 스님 말씀을 따라 실천하니 대법원장상도 받고, 국무총리상도 받게 되었습니다.

제가 건강하려고 막 노력할 때면 스님께서 "야, 너무 건강하게 살려고 하지 마라. 그것도 욕심이다." 이렇게 말씀하시더라고요. 그러니까 적당히 아프고 돈도 적당히 있고 이래야지 사람이 사람답게 살기 좋지, 너무 건강하고 너무 부유하고 부귀하면 사람의 모습을 잊어버릴 수 있다고 말씀하시더라고요. 불행을 견딜 수 있는 힘을 가지면 행복하게 살 수 있다고 한 누군가의 말이 맞는 것 같습니다.

어느 날 스님이 나한테 하신 말씀이 생각나서 사무실에서 그냥 시험 삼아 해봤어요. 피의자한테 징역 가려고 노력 참 많이 한다고 했더니 깜짝 놀라더라고요. 그 사람도 그런 말은 처음 들어봤나 봐요. 부모님 말씀 안 듣고 공부를 열심히 안 하는 쪽으로 노력했으니까 인생이 이렇게 흐른 것 같다고 설명을 하니까 그도 고개를 끄덕끄덕하더라고요. 그러면서 자기도 앞으로 좋은 쪽으로 생각해서 노력해 보겠다고 얘기를 하고 가더라고요. 그렇게 좋은 쪽으로 변화시킬 수 있다는 것이 참 중요한 것 같아요.

여기 와서 발을 들여놓기 전에 스님은 벌써 제 마음이 어떤지 아시더라고요. 그래서 스님이 뭐라고 하시면 어떨 때는 속상할 때도 있는데, 돌아서서 생각해 보면 그림이 이렇게 그려져요. 내가 밖에서 어떻게 살았는지 쭉 되돌아본 다음에 마음을 바로 바꾸면 또 편해져요. 스님은 마음을 빨리 바꾸라는 말씀이시죠. 그 마음 상태로 살면 힘드니까 빨리 바꾸지 않으면 재앙이 들어온다고 하십니다. 재앙이 들어오지 못하게 마음을 빨리 털어내라고 하십니다.

마음이라는 게 어떻게 보면 형체도 없고 무게도 없고 아무것도 없어 눈에 보이지 않지만, 그 마음이 나를 지배하지 않습니까? 나뿐만 아니라 세상도 지배하고 있죠. 마음처럼 형체도 없고 모양도 없고 바람처럼 다니면 얼마나 자유롭게 살겠습니까? 하지만 사회생활하다 보면 마음이 자꾸 변하는 것 같아요.

형태가 없어지는 마음을 스님이 말씀하시는 거죠. 마음이 조금만 무거우면 몸이 힘들어요. 생각을 가볍게 하면 몸도 가벼워지고, 마음 상태에 따라서 몸에 병이 들어오고, 암도 마음에 따라서 들어오는 거라고 스님은 말씀하시죠.

피의자도 본인 속상한 마음 얘기하고, 그 사람이 원하는 거 한 번 들어주고 하니까 저도 엄청 편해요. 다른 사람들한테는 가서 난동부리다가 내 얼굴 보고 씩 웃고 그냥 커피 한잔 마시고 자기 얘기하고 가면 그렇게 편하게 있다 가더라고요. 제가 더 편한 것 같아요.

요즘 와서 드는 생각이 복 받는 것보다 복 짓고 사는 게 더 행복한 거 아닐까 그런 생각이 들더라고요. 복을 받는 사람은 언젠가 다하면 마이너스로 가지만 복을 지어서 계속 쌓이면 나중에 내가 필요할 때 예금처럼 쓸 수 있으니까요. 스님께서는 그런 것이 영의 세계라고 하셨습니다. 저금해 놓는 것처럼 선업이 쌓이고 악업이 쌓인다고요. 그래서 본인이 선업을 많이 쌓으면 그 복을 받고 악업을 많이 쌓으면 그 악업을 계속 치러야 한다고 하셨습니다. 할 수 있을 때 열심히 복을 많이 지어놔야지, 과시하고 폼 잡고 하는 것만 하면 안 된다고 하셨습니다.

요새는 가끔가다 사무실에서 동료들한테 방문하는 사람들에게 너무 빡빡하게 하지 말라고 합니다. 빼줄 거 있으면 좀 빼주고 원수같이 그렇게 싸우면 되냐고 하면 "아니, 선배님. 어떻게 다른 사람들은 스트레스받아서 인상이 다 죽어 가는데 그런 사람 만나서 뭐가 그렇게 좋아요? 재밌어요?"라고 묻곤 합니다. 그러면 저는 "재미없을 건 또 뭐야? 그 사람은 그 사람의 삶을 사는 거고, 나는 나의 삶을 사는 건데. 그 사람이 나쁜 일을 했다고 해서 내가 그 사람한테 뭐라 그럴 이유가 없지 않냐. 그래서 나는 그냥 나대로 즐겁게 살고, 내가 즐겁게 살면서 이 사람 즐겁게 만들어주면 되는 거지. 굳이 기분 나쁜 사람하고 싸워서 내 기분이 상하면 무슨 소용이 있냐?" 이렇게 얘기하니까 그 친구도 고개를 또 끄덕끄덕하긴 하더라고요. 조사받는 사람들도 행복하게 살기 싫어서 그런 행위를 한 건 아니니까요.

"상대방 마음을 보는 것을 산천 구경하듯이 하라. 상대방 마음에 휘말리면 안 된다."라는 스님 말씀대로 저도 풍경 구경하듯 상대를 바라보면서 베풀 거 있으면 베푸는 거죠. 고민 같은 게 있으면 "신경 쓰지 마라, 다 흘러간다."라고 내 입에서 나옵니다. 또 어떤 사람을 미워하게 되면 "미워하지 마라, 저 사람이 널 미워하면 너는 좋으냐."라는 소리가 또 나오게 되죠. 스님께선 이러한 현상들이 기도를 해서 수행이 쌓이다 보면 불성이 높아져서 그렇다고 하십니다.

잠복근무하러 간다고 스님께 연락을 드리고 가는 날에는 범인이 휘파람을 불면서 즐겁게 오는 적도 있었죠. 다른 수사관들이 와있으면 본인이 잡힐 것 같은 느낌이 들어서 도망쳐서 안 잡히는데 그날은 내가 있었는데 거기가 그렇게 좋아 보여서 휘파람이 나오더랍니다. 또 하루는 전라도에 범인 잡으러 가는 데 오래 걸릴 것 같았는데 도착해서 차에서 내리니까 어떤 차가 와서 누가 내리는데 보니까 그게 범인이어서 바로 잡아 올라온 적도 있었죠.

사람들이 저 보고 쉽게 잘 잡는다는 말들을 하곤 하죠. 잠복근무할 때 졸릴 때가 많은데 범인이 나타나면 졸다가 내 눈이 떠지는 것이 신기하죠. 다른 사람들은 눈 뜨고 있다가 범인이 나타나면 못 보는데, 저는 자고 있다가 눈 뜨면 범인이 앞에 와있으니까 신기한 거죠. 신경 쓰면 못 잡고 오히려 편안하게 있을 때 범인이 잘 잡힙니다. 그러한 현상은 이쪽에서 신경을 날카롭게 쓰고 있으면 상대도 느끼는 거라고 스님은 말씀하십니다. 내가 잠만 자고 있으니 상대도 평화롭게 느끼게 되는 거라고 하십니다.

영적으로 날 졸리게 만드시는 것인지는 몰라도 아무리 시끄러운 장소에서도 전 그렇게 졸렸습니다. 그렇게 계속 자고 있으면 앞에 와있더라고요. 그럼 그냥 데리고 가기만 하면 되죠. 또 반항도 잘 안 해요. 아무리 억센 사람도 순순히 따라옵니다.

또 어떤 날은 스님께 전화를 해서 범인 잡으러 가는데 사방팔방 도밍갈 곳이 많아서 범인이 나타나도 잡기가 어려울 것 같다고 말한 적이 있었죠. "그래도 잘 잡아가지고 와."라고 하셨는데 현장에서 범인이 날 쳐다보더니 도망도 못 가고 가만히 서있는 거였습니다. 나중에 도망갈 수 있는 시간이 충분한데 왜 안 갔느냐고 물어보면 본인도 모르겠다고 답했습니다. 다리가 얼어붙어서 꼼짝을 못 했다면서요.

내가 스님께 전화해서 하는 일이 잘 풀리는 것은 어떤 특별한 비법이 있는 것이 아닙니다. 스님과 저는 그런 대화들을 하고 나서 신경을 쓰지 않습니다. 그냥 말에서 끝나는 거죠. 무심해야 잘 이루어지는 것이라고 스님은 말씀하십니다. 그런데 스님은 제가 위험에 빠질 것 같으면 그걸 느끼신다고 합니다. 그럴 때는 그 일을 안 하는 것이 좋겠다고 말씀하시죠. 그러면 저는 스님 말씀을 따르기만 하면 됩니다.

저는 사무실에서는 화를 내지 않습니다. 절에 다니면서 화를 내지 않게 변한 거겠죠. 어느 날은 막 욕하는 사람이 왔기에 그 사람의 화가 가라앉을 때까지 기다리다 화를 멈추면 가서 물어봅니다. 나중엔 그도 미안하다고 말하고 갑니다. 그런 사람들의 심리는 자신이 업신여김을 당하는 것 같아서 그러는 거라고 스님은 말씀하시죠. 스님 아니었으면 나도 그런 사람들과 항상 싸웠을 겁니다.

업무상 일을 하다 보면 그들의 마음이 저에게도 전달이 돼서 힘이 듭니다. 그러면 집에 가서 찬물로 샤워하고 나면 쭉 가라앉게 되죠. 처음 절에 와서 한겨울에 얼음물 깨고 목욕하고 몸의 효과를 본 이후부터 해온 습관입니다. 스트레스도 많이 없어졌죠.

어머니가 저를 낳을 때 아주 일급수보다 더 깨끗한 물 꿈을 보고 저를 낳으셨대요. 그래서 제가 스님한테 어느 날 그 말씀을 드렸는데 스님이 "너는 그렇게 깨끗하기 때문에 속세에서는 어울릴 수 없다."라고 하시더라고요. 제가 어려서 절에 가면 상좌로 달라고 스님마다 그러셨답니다. 우리 스님은 일반 사회생활하면서 절에 왔다 갔다 하라고 하시죠. 오염된 마음을 정화하면서요. 아마 태어날 때부터의 인연이 아닌가 싶습니다.

3) 여러 신도들의 체험

① 대전에서 온 한 사람은 공무원 생활하다가 갑자기 사표를 내고 왔는데 ◇◇스님한테 가서 기도하다가 밥은 여기서 먹고 교육은 ◇◇스님한테 가서 들었습니다. 그러더니 한 사흘 만에 간다고 하기에, 왜 그러냐고 했더니 ◇◇스님 말 들으면 머리가 너무 아파서 못 하겠다는 겁니다. 나하고 기도하자니까 그것도 싫다고 해서 그러면 법당 가서 인사나 하고 가라 그랬더니 법당 가서 인사하고 나오더니 "아우, 스님 저 하고 갈게요." 라 하는 겁니다. 그래서 내가 "왜 갑자기 마음이 변했어?" 하니

까 법당에 들어가서 인사하니까 불상하고 나하고 나란히 앉았는데 포개졌다 떨어졌다 하더랍니다. "스님이 부처님이라는 걸 저는 몰랐어요. 이제 저 스님한테 기도하겠습니다." 하고 보름을 채우고 갔는데, 나갈 때 "스님, 저 무엇을 해먹고 살까요?"라고 했습니다. "그건 본인이 알지 내가 뭘 아냐. 나가서 하고 싶은 대로 해라."라고 했더니 하루는 전화가 왔습니다. "스님 저 대전 가고 싶어서 갔다가 상가를 둘러보니까 빈 상가가 많은데 만 원만 계약금을 걸고 가라 그래서 걸고 왔어요."라고 하는 겁니다. 그래 "얼마나 안 팔리면 1만 원만 달라고 했겠느냐." 했습니다. 그래서 집에 와서 저녁에 꿈을 꾸니까 '대원 문구 완구'라고 간판을 벌써 부처님이 걸어주더라는 겁니다. 그다음 날 가서 '대원 문구 완구'를 해야겠다고 해서 갔는데 문방구가 다 안 돼서 정리하는 게 주변에 6개가 있더라는 겁니다. 그러니까 주위 사람들이 다 안 돼서 정리하는데 당신이 그걸 해서 되겠냐는 말들을 했답니다. 그래도 기도한 게 있으니까 자기가 용기를 내서 그걸 한다고 했답니다.

그 정리하는 학용품을 싸게 사서 파니까 그때 한 4월쯤 그렇게 했는데 12월에 와서 1억을 벌었다고 했습니다. 다 없어지고 자기

혼자만 있으니까 그렇게 잘돼서 문구 완구점을 해서 엄청 돈을 잘 벌었다고 했습니다. 그렇게 10억까지 벌어도 시주 한 번이 없더니 나중에 찾아와서 장호원 쪽의 상가를 사려 하는데 어떠냐고 내게 묻는 것이었습니다. 그래서 내가 운대가 안 맞으니 사지 말라고 했는데 나 몰래 사더니 그 상가에 계속 돈이 들어가서 종국에는 끝이 안 좋았다고 풍문에 들려왔습니다. (스님 말씀)

② 지금은 돌아가신 제약회사에 다녔던 한 분이 있었습니다. 영업일을 하며 다니다가 차의 조수석에 사람을 태우면 곤란한 문제가 일어나곤 했었는데 어느 날 "야, 같이 가자. 조수석에 아무도 태우지 마라. 여긴 내 좌석이다."라며 퇴계 선생이 타시더랍니다. 그래서 그 문제도 해결되니 그분이 아주 기도를 열심히 했습니다. 이제 퇴계 선생님께서 그 사람이 좀 가난하게 사니까 영적으로 도움을 주고자 하셨습니다. 그래서 충청북도의 모든 보건소를 관할하고 있는 의사가 하루는 부르더니 "내가 미국에 이민을 가는데 당신이 너무 착해서 이 충청북도 내의 보건소에 약 대주는 건 당신한테 권한을 다 줄 테니까 해라."라고 했답니다. 그랬는데 이 바보 같은 사람이 나한테도 얘기 안 하고 약국 배달

하는 거 한 10개 정도를 권리금 조금 받고 바꿔서 자신의 운명을 바꿔버렸습니다. 부자가 될 기회를 그렇게 줬는데도 나중에 그 얘기를 내게 하는 거예요. 그래서 왜 그렇게 했냐 그랬더니 자기는 돈이 없어 급해서 그냥 그렇게 하고 말았다는 겁니다. 그 바꿔준 사람은 지금 백억도 더 벌어가고 있죠. 자신의 작은 욕심으로 큰 복을 줘도 못 받는 경우죠. (스님 말씀)

③ 저는 초등학교에서 아이들 가르칠 때 어려움을 많이 겪었습니다. 특히 생활지도하고 이럴 때 어려움도 있고. 그래서 말썽을 많이 부리는 아이들은 도대체 왜 저럴까 이해가 안 가고, 지적도 하게 되고 좀 혼내기도 하는데 그럴 때 스님한테 와서 이야기를 해요.

제가 이제 "우리 반에 이런 아이가 있는데 스님, 어떻게 하면 좋아요?"라고 하면 "그 아이가 마음이 여려서 그렇다. 칭찬을 많이 해줘라."라고 하시죠. 그리고 마음이 여려서 그렇다고 하시면 벌써 제 마음에서 그 아이가 이해가 되더라고요. 이해가 되면서 칭찬할 수 있게 되고, 또 그렇게 여유가 생기니까 가서 또 칭찬도 하게 되고.

우리 반에 돌덩어리처럼 꼼짝도 안 하는 애가 있어요. 그러면 스님께선 심장이 약해서 그렇다고 말씀을 해주시니까 그게 또 그 아이가 이해가 너무 되는 거예요. 아기 다루듯이 칭찬해 주니까 집에 가서도 지금 선생님은 작년 선생님과 다르다고 했다 합니다. 다른 아이들도 칭찬을 해주라 하시고요. 그런 얘기를 하면 스님께선 심장 약한 거를 느끼신다고 합니다. 선생님은 입에 칭찬이 떨어지면 안 된다고 하십니다. 잘못한 애도 칭찬하고, 잘해도 칭찬하고. 야단칠 게 없고 야단쳐서 잘 되는 애들 없다고 하십니다. 아이들은 선생님이 잘해야 한다고 하시죠.

부처님이 교사들을 제일 중하게 여기신다고 스님이 말씀하셨죠. 어린 새싹들의 마음의 기틀을 잡아주는 것이 선생이라고 말입니다. 수원의 어떤 선생님도 스님 말씀 듣고 가서 그런 마음을 쓰니까 전교생이 말을 잘 듣고 잘하더랍니다. 그런데 어느 순간부터 자기 마음이 삐딱해지기 시작하니까 학생들이 전부 엇나가고 학교폭력도 하루에 20건도 더 나왔던 적이 있었답니다. 선생님이 칭찬과 용기를 항상 심어줘야 한다고 스님은 말씀하십니다.

스님은 학부모님에게 전화해서 귀한 자제분들을 이렇게 예쁘게 잘 키워서 보내주셔서 감사하다고 하라고 하십니다. 그러면 선생님의 말은 법이라 하면서 잘 따라오게 된다는 거예요. 그런 말 한마디만 하면 되는 걸 요즘은 학부모들이 시비를 건다는 생각만 가지고 있으니까 시비가 자꾸 들어오게 된다고 하시죠. 학교에서 교사들이 엄마가 돼야 한다고 하십니다. 엄마처럼 자애롭게 돌봐주라 하십니다. 이러한 어머니의 법이 미륵 불법이라고 하십니다.

제3부

너는 누구고 나는 누구냐?
네가 나고 내가 너다

...

1. 미륵 불법
2. 마음
3. 그대의 마음이 가는 대로 써보세요.

1. 미륵 불법

1) 미륵 불법이란

　　　　　미륵 불법은 도덕과 예의를 기준으로 해서 동방예의지국인 우리나라의 법도를 세상에 펴는 것이 미륵 법도입니다. 한마디로 도덕과 예의를 지키며 어른을 공경하고 아이를 사랑하는 것입니다. 우리나라가 동방예의지국이라서 미륵 불법이 우리나라에서 전 세계로 뻗어 나가야 합니다. 그런데 영의 세계에서 보면 현실에서의 많은 사람이 필요한 게 아니라 영적으로

이 거대한 물길 같은 게 내려서 그냥 나가게 됩니다. 이 미륵 불법은 요즘 같은 범죄가 많은 시대에 모든 사람이 마음을 닦아야 한다고 합니다.

퇴계 선생님이 항상 하시는 말씀이 "네가 앉아있든 누워있든 간에 본인들이 최선을 다해서 펴니까 그렇게 알아라."라고 하셨습니다. 저절로 된다는 그런 뜻입니다. 이제 사람들의 마음에 영의 세계의 마음이 그냥 전해진다는 겁니다.

우리가 목마르면 물을 마시듯이 불법을 사람들이 행하지 않고는 살 수가 없는 시대가 되니까 그래서 굳이 책을 요란하게 쓰고, 인간이 어떻고 저떻고 하는 게 문제가 아니라 다 본인들이 어렵고 힘들면 마음을 닦게 돼있고 참회하게 돼있으니 그게 영의 세계의 흐름입니다.

미륵은 흔히 미래에 오실 부처님으로 알고 있지만 이미 지금 현재 미륵 시대가 와있습니다. 그래서 퇴계 선생님이 영적으로 많은 중생 마음에 씨앗을 다 뿌려주면 본인이 행을 하고 안 하고는 본인 마음입니다.

지금 나쁜 일을 하고 범죄를 저지른 사람들이 어려서 부모한테 간접적으로라도 나쁜 일 하지 말라는 소리, 학교에 가면 좋은 일을 해라 소리를 안 들었겠습니까? 그렇지만 본인들이 말을 안 듣는 것입니다. 모두들 자기 멋대로입니다. 그래서 본인을 이끌어가는 건 본인입니다. 즉 스승이 따로 있는 것이 아니라 본인이 자신의 스승인 것입니다. 그러니까 범죄를 저지르게 이끌어가든 선한 길을 가든 본인이 선택하는 겁니다. 지금 시대는 그렇습니다. 그래서 언제나 본인이 선택하는 겁니다.

우리 어머님이 "인간의 육신은 좋은 일을 하려면 끝없이 할 수 있고, 악행을 하려면 끝없이 할 수 있는 조건이다. 그래서 그건 언제나 본인의 선택이다."라고 하셨습니다.

누구나 수호신이 있습니다. 수호신은 태어날 때부터 있습니다. 그런데 본인들이 수행을 열심히 잘하면 더 훌륭한 쪽으로 끌고 가고, 내가 악한 쪽으로 가면 더 악한 쪽으로 끌고 갑니다. 본인의 선택이니까 그 신들은 '이게 좋아 일로 가, 이게 나빠 일로 가지 마.'라고 하는 게 아닙니다. 부처님들도 그렇고 누구나 신들은 이게 좋다, 이게 나쁘다 결정지어서 얘기를 해주는 게 없습니다.

선한 마음도 있지만, 악이 너무 많습니다. 나 스스로가 나를 관리해야 합니다. 쓸데없는 감정싸움만 하면 불행해집니다. 늘

깨어있는 생각을 하면서 감정적으로 되지 않게 해야 합니다. 그래서 생각 없이 살면 안 됩니다. 매사에 생각하며 살아야 합니다. 불법은 실천수행입니다. 아무리 공부를 많이 했다고 떠들어야 소용없습니다. 일상적으로 실행해 나가야 합니다.

앞선 부처님 시대에는 대자대비하게만 가르치니까 점점 범죄만 더 많이 발생을 했었습니다. 그런데 미륵 시대에는 벌과 상으로 제도가 됩니다. 벌은 이제 자기가 업보를 저지르면 이자가 천 곱이고, 자기가 잘한 거는 이자가 백 곱밖에 안 된다는 겁니다. 그래서 본인들이 피부로 느끼니까 본인들이 바꿔야 하는 것입니다.

인간이 생각하기에는 퇴계 선생님은 한자만 배우셨는데 어떻게 영어나 불어 등의 외국어를 알겠나 하는데, 영의 세계에 가게 되면 우리 퇴계 선생님은 그걸 다 능통하십니다. 그래서 중생제도를 하러 오셨습니다.

영적으로 미륵 불법은 삼천 년 동안 해야 하는 대업입니다. 영으로 하시는 거니까 우리 인간으로서는 감히 상상을 할 수가 없습니다. 일본, 미국 등 전 세계적으로 퇴계 선생님 학문을 연구하는 분들이 많다고 합니다. 해외에서 퇴계 선생님의 살아생전의

성리학을 많이 연구한다고 합니다. 그런 식으로 불법이 펼쳐지게 됩니다.

퇴계 선생님을 좋아하는 사람들이 많으니까 그런 데서 영적으로 지시만 내려도 다 퇴계 선생님을 좋아하니까 빨리 받아들이게 됩니다.

퇴계 학문 연구를 하는 사람들한테 굳이 나는 불법이 이렇다저렇다 하는 시시콜콜한 얘기할 필요가 별로 없는 겁니다. 그러니까 미륵 불법은 곧 퇴계 선생의 학문이라 할 수 있습니다. 퇴계 선생의 학문을 공부하면 자연스럽게 도덕과 예의를 습득하게 됩니다. 선생은 도덕과 예의를 가장 중요시하십니다. 그렇게 해서 전 세계로 불법이 퍼져 나갈 것이라고 하십니다.

우리나라 앞날에 대해 걱정하는 사람들이 많습니다. 그러나 그런 걱정은 미리 할 필요가 없습니다. 앞으로 살아가는 중생들한테 그것은 본인들의 몫입니다. 자기들이 알아서 하는 겁니다. 죄를 지으면 벌을 받는 것과 같은 이치입니다.

언젠가 내가 부처님께 "부처님, 부처님은 원력도 그렇게 높으신데 저 나쁜 놈들 마음 보따리 홀렁 빼서 내버리고 좋은 마음을 한 번에 넣어주면 이 세상이 조용해질 텐데, 그렇게 하시면 안 됩니까?" 하니까 "안 된다. 영의 세계에도 법도가 있다. 인간의 세계에서 문을 잠가놓은 남의 집에 쳐들어가면 가택침입으로다가 벌을 받지 않냐. 이 마음도 집이나 똑같아서 자기가 스스로 마음을 열고 악을 버리고 선을 받아야 하는데 그렇지 않은 걸 강제로 하는 거는 영의 세계에서도 법에 저촉이 돼서 안 된다."라고 하셨습니다.

2) 어머니의 법, 미륵 불법

미륵의 또 다른 명칭은 자씨(慈氏) 보살입니다. 자애(慈愛)의 의미를 가지고 있습니다. 미륵은 자애로운 어머니와 같은 부처님이십니다. 그래서 미륵 불법은 어머니의 법이라 하십니다. 미륵 시대에는 어머니의 법을 펴야지 중생이 마음을 많이 바꿀 수 있다 하십니다.

아버지의 법, 즉 석가모니 법은 아버지의 법이라서 무조건 대자대비를 펼치시니 인간들이 점점 못돼지고, 어머니의 법은 따뜻한 태양과 같은 사랑하는 마음을 중생이 느껴서 마음을 바꿀 수 있게 하는 미륵 불법이라는 겁니다. 그러면서도 잘못에 대해서는 엄하게 벌도 주시면서 벌과 상으로 가르치십니다.

어린아이가 잘못을 했을 때 바른길로 인도하기 위해 벌도 주어야 하는 어머니를 떠올리시면 되겠습니다. 벌을 주는 것은 잘못된 것을 올바로 조정하기 위한 것입니다. 흔히 벌을 준다고 하면 보통 사람들은 겁을 먹습니다. 그러나 벌을 주신다고 해도 아주 심각하게 잘못한 수준이라야 벌을 주시니 겁먹을 필요는 없습니다. 조금 잘못했다고 벌주면 이 세상에 벌 안 받을 사람이 아무도 없을 겁니다. 수가 너무 높아지기 시작하면 살인도 할 수 있으니까 그럴 때를 말하는 겁니다.

마음 닦기가 어렵다는 것은 욕심입니다. 과도한 욕심으로 남의 것을 그냥 **빼앗**거나 남의 목숨도 서슴지 않고 **빼앗**는 것은 신(神)들이 난무해서 그렇습니다.

일반 절이나 무속인들은 신들을 끌어내리기만 하고 천상으로 보내주는 원력은 없습니다. 끌어내린 대로 난리만 나는 겁니다. 그래서 아무리 돈을 많이 들여 제를 지내도 조상을 제대로 보내주지 못하면 시달리게 되는 것입니다. 그런 집에 내가 제를 지내서 천상으로 보내드리고 집안이 편안히 잘 되면 사람들은 수준이 좋아진 것을 자기들이 잘하거나 잘나서 그런 줄 압니다. 그럴수록 숙일 줄을 알아야 하는데 겸손이 부족해집니다.

2. 마음

1) 너는 누구고 나는 누구냐? 네가 나고 내가 너다

　　　　기도를 하면서 내 인간적인 마음이 없어졌습니다. 못된 사람이 오면 성질만 나고, 착한 사람이 오면 내 마음도 같이 착하게 됩니다. 아픈 사람이 오면 나도 같이 아파지는 것과 같은 이치입니다.

어떻게 사람이 마음이 없을 수 있을까 하는데 욕심을 다 버리면 마음이 없습니다. 내가 원하는 게 없으니까. 나는 신도도 많이 원하지 않습니다. 돈을 많이 버는 것도 원하지 않습니다. 원하는 게 한 개도 없습니다. 그래서 마음 닦는 게 제일 쉽습니다. 이거는 힘들지도 않고, 돈도 안 들고, 마음으로도 안 듭니다. 그냥 내 마음, 보이지도 않는 마음, 이거 정리하면 끝나는 일, 이거보다 더 쉬운 일이 어디 있습니까? 그런데 왜 그걸 못 합니까?

예전에 건강했을 때는 누가 나를 보고 싶어 하는 사람이 오면 방에 안 있고 나가있었습니다. 나가서 맞아들였습니다. 지금은 아프니까 그냥 방에 있지만, 옛날에 건강했을 땐 그랬습니다. 나를 보고 싶어 하는 사람이 오면 저 밖에 나가서 기다렸습니다. 그래서 목사님들도 많이 왔습니다. 와서 하는 얘기가 스님하고 이야기하고 가면 한 3개월은 속이 시원하다고 했습니다. 그 3개월이 지나면 또 속이 답답하다고 했습니다. 그래서 주기적으로 왔는데, 내가 사고 나고는 못 오고 있습니다. 왔다 가는지도 모르는 일입니다. 선뜻 들어오기가 어려웠던 모양입니다. 하여튼 일반 스님하고는 나는 아주 100%, 200% 다릅니다. 거꾸로 걷는 것과 같습니다.

본인이 원하는 게 많으면 마음이 자유롭지 못해서 되게 불편하게 됩니다. 마음이 너무 무거워 주체를 못 합니다. 자신에게 이익

이 되면 바람직하지 못한 일도 하게 됩니다. 양심에 거리껴서 할까 말까 망설일 때 갈등을 깨고 욕심을 버리면 끝날 일을 스스로가 지옥 속으로 들어가는 겁니다. 천당과 지옥은 자기 마음속에 있습니다. 다 버리고 나면 편안해집니다. 중생들이 마음 닦기 어렵다고 하는데, 그거는 욕심입니다.

이 세상은 평등합니다. 너나가 따로 없습니다. 부자도 가난한 자도 마음은 똑같습니다.

이 세상의 사람을 크게 나누면 세 가지입니다. 태양 같은 사람, 황금 같은 사람, 숯덩이 같은 사람. 태양 같은 사람은 닦을 것도 없을 것입니다. 황금 같은 사람은 때가 끼니까 닦아야 합니다. 닦으면 괜찮아집니다. 그런데 숯덩이는 닦으면 닦을수록 시커먼 물이 나오게 됩니다. 그러면 아주 완전히 불에 살라서 뽀얀 재로 만들어야 합니다. 죄를 많이 진 사람, 형무소에서 무기징역 살고 하는 사람들이 그렇지 않나 싶습니다. 온전히 자기 죄를 다 태우는 것입니다.

종교도 없고 아무것도 모르는 일반인이 마음을 여는 방법은 자신의 마음을 봐야 합니다. 내가 무슨 일을 했는가? 선한 일을 했는가, 악한 일을 했는가. 마음속에서 내가 원하는 게 무엇인지 들여다봐야 합니다. 도덕과 예의에 벗어나는 일을 하지 않으면 됩니다.

마음 닦는 것은 간단합니다. 사람들이 욕심이 많아서 그 욕심을 채우려고 못 닦는 것뿐입니다.

"이 세상의 중생들이 분수를 잃었다."라고 부처님께서 말씀하셨습니다. 정치인은 정치인다워야 하고, 사업가는 사업가다워야 하고, 학생은 학생다워야 하고 주부는 주부다워야 하는데 그걸 이탈했다는 겁니다. 마음들이 그 원칙을 안 지켰습니다. 그걸 지켜야 합니다. 그래서 지금은 식자우환이라고 부처님들이 말씀하십니다. 너무 많이 배운 사람들이 항상 사기를 더 많이 치고, 남을 이용하고 어리석고 못 배운 사람들을 노예 삼아 학대합니다.

욕심이 없으면 상대방의 마음을 알 수 있습니다. 금방 비칩니다. 거울과 같습니다. 사람을 만났을 때 나는 아무 생각이 없었는데 그 사람을 만났을 때 어떤 마음이 문득 일어나는 마음이 상대방의 마음입니다. 내가 생각 없이 잊지 말아야 합니다. '나는 이런 생각이 없는데 왜 갑자기 이런 생각이 났지?' 하고 관찰을 해보면 그것이 상대방의 마음인 것입니다.

그래서 그냥 생각 없이 살면 안 됩니다. 항상 나를 관리해야 합니다. 안 그러면 상대방 마음에 휘말리게 됩니다. 그러니까 관리를 해야 합니다. 내가 주인입니다. 주인이 관리 안 하면 이 마음이 어떤 일을 벌일지 예측도 못 하게 됩니다. 마음의 주인이 주인 노릇을 잘해야 합니다. 선택은 본인이 하는 것이기 때문입니다.

그런데 요즘 사람들은 자기 마음을 보지 않습니다. 요새 사람들은 너무 치우쳐서, 세상에 뒤떨어지면 뭐 안 될 것 같아서 난리들을 칩니다. 세상 사람들이 너무 뻔뻔해집니다. 뻔뻔하지 말아야 하는데 남이 그런다고 자기가 따라가면 안 됩니다. 옛날 어른들이 하는 말 중에 "이웃집이 장에 간다고 장에 가져갈 것도 없는데 씨오쟁이 따서 걸머지고 시장 간다."라는 말이 있습니다. 남의 본을 받지 말고 분수에 맞게 살라는 옛말입니다.

신도의 어렵고 힘든 것이 나한테 온전히 전달이 됩니다. 내게 어떡하냐고 호들갑들을 떨면 "뭐가 어떻게 돼? 다 괜찮아."라는 말 한마디로 다 일축해 버립니다. 구구한 소리가 입에서 나오지 않게 딱 주저앉혀버립니다. 그러고는 그냥 내가 조용히 기도하면서 "부처님, 좀 도와주세요."라고 할 뿐입니다. 그것을 변칙수로 뒤집어엎으려면 안 되는 겁니다. 인생길이 다 그냥 가는 겁니다. 가다 보면 중도 보고 소도 본다는 옛날이야기처럼 좋은 사람

나쁜 사람, 좋은 일 나쁜 일 다 만나는 겁니다. 마음속으로 산천구경하듯이 가야 합니다. 산에 소나무도 있네, 벚나무도 있네, 가시나무도 있네 하면서 그냥 가야 합니다. 가서 엉키려고 하지 말아야 합니다. 이 마음이 그런 데 가서 엉키니까 문제가 생기는 겁니다.

근본적으로는 나쁜 사람 좋은 사람이 따로 없습니다. 나쁜 사람이 일정 시간이 지난 후에 나한테 은인이 될 수 있는 기회가 옵니다. 그런데 좋은 사람도 가다 보면 악연이 되기도 합니다. 꾸준히 좋은 인연이 되기 어렵습니다. 상대가 가다가 순간순간 마음이 변하면 악인도 됐다, 성인도 됐다 합니다. 그래서 꾸준히 좋은 사람도 나쁜 사람도 없다고 봐야 합니다.

인간은 살 만한 세상이라는 걸 스스로에게 가르침을 줘야 합니다. 그래서 자기 자신을 칭찬해야 합니다. 내 스스로 '너는 좋은 성품을 가졌어. 참 훌륭해. 앞으로 더 잘 가길 바란다. 잘해보자.' 이러면서 자꾸 자신을 키워줘야 합니다. 지지누르면 안 됩니다. '너는 하는 일마다 이러냐?'라고 원망하고 주저앉게 하는 말을 쓰면 안 됩니다.

2) 바른 마음 수행

　　　　　　사람들이 와서 나보고 부적이나 다른 것을 해달라고 하면, 나는 부적 쓸 줄도 모르고 다른 무엇을 해줄 줄도 몰라서 말로만 그냥 기도하고 마음 닦으라고 하니 사람들이 많이 안 옵니다. 처음에는 벌떼같이 덤비더니 내가 사고 나서 있으니까 조용히 있을 때도 있어야 하는가 봅니다. 부처님은 항상 "너 공부는 언제 하니? 중생들이 많이 오면 너 공부는 언제 하니?"라고 하십니다.

　누군가 내게 부처님 원력을 다 받았다고 한 적이 있습니다. 그건 내 것이 아니고 부처님 것이기 때문에 내 마음대로 쓰면 안 됩니다. 내가 수행을 해서 내 원력이 쌓이고 내 모든 기능이 일어났을 때 내 힘으로 할 수 있는 것만 할 수 있어야 합니다. 부처님 원력을 갖다 쓰면 내가 그 업을 갚기 위해 더 고통스럽게 됩니다. 남의 부잣집 돈 갖다 쓴 거하고 똑같은 것입니다.

　처음에 부처님이 원력을 다 준다 했을 때 나는 싫고, 일꾼 노릇만 한다고 했었습니다. 지금 와서 생각해 보면 엄청 잘한 거라는 생각을 합니다. 부처님 원력을 준다고 해서 내가 막 써버리면 꼼짝없이 올무에 걸린 것처럼 됩니다. 부처님이 시킨다고 다 해서도 안 되고, 자기 주관이 확실하게 있어야 합니다.

지금 정치나 뭐 그런 사람들도 자기보다 좀 높은 사람, 권력이 있는 사람, 힘이 있는 사람들이 시키면 아무거나 다 하는데, 나중에 재앙은 본인이 다 받게 됩니다. 책임을 가르치는 것이 옳은 사회입니다. 지금 사찰들은 '부처님 잘되게 해주세요. 돈 벌게 해주세요. 자식 잘되게 해주세요.'라는 맹목적인 기도만 합니다. 이제는 거기서 벗어나 본인이 선택해서 본인이 책임질 거 책임져야 하고, 갈 길인지 안 갈 길인지 확실하게 알고 가야 하는 겁니다. 그걸 중생들이 깨우쳐야 합니다.

마음을 자유롭게 사용하는 법을 알아야 합니다. 빨리 나라는 존재를 버리면 됩니다. 자꾸 나라는 걸 내세우려고 하니까 어려운 겁니다. 사람들은 모두 나를 내세우기 바쁩니다. 내가 누구보다 똑똑하다고 내세우고 싶고, 남보다 더 지혜롭다고 내세우고 싶은 마음이 들어서 마음을 빨리 못 바꾸는 겁니다.

마음 가는 대로 하는 것이 똑똑한 겁니다. 현대인들은 거짓으로 살고 있습니다. 상대가 싫어도 싫다는 말을 못 하고 마음속으로만 끓이고 있습니다. 마음을 꺼내놔야지 말라 죽는 겁니다. 햇

빛에 풀을 뽑아놓듯이 마음을 진실 되게 열어놓는 것이 옳은 것입니다. 외부로 드러내지 않고 그걸 감춰두면 그게 점점 자라나게 됩니다. 결국엔 최악의 경우가 될 수도 있습니다.

그래서 마음이라는 게 참 중요합니다. 보이지도 않고 색깔도 없는 그 마음속에 무엇이 들었는지 모르니까 지혜를 길러야 합니다. 지혜를 기르기 위한 구체적인 실천 방법은 자신의 마음을 자꾸 들여다봐야 합니다. 아침에는 '부처님, 제가 바른 생활을 할 수 있게 좋은 길로 이끌어 주십시오.'라며 기도하듯 합니다. 인간의 마음으로 한다 해도 안 되니까 부처님께 의지를 해서 하는 것이 가장 쉽습니다. 저녁이 되면 반성을 합니다. 오늘은 무슨 마음을 썼나 하나하나 체크를 하는 겁니다. 그러면 본인이 봐서 나쁜 마음이면 앞으론 쓰지 말아야지 하는 다짐을 합니다. 마음이라는 것은 살피지 않으면 닦을 수가 없습니다. 계속해서 스스로 자기 마음 관리를 안 하면 안 닦입니다.

늘 아침에 일어나면 "부처님, 저 좀 바른길로 살게 도와주십시오. 지혜를 주십시오. 바르게 살고 싶습니다."라고 말하는 겁니다. 내 입에서 나오는 말이 법입니다. 내 말에 따라서 그대로 이루어집니다. 저녁에는 반성하고 내 마음이 무슨 마음을 썼을까 하고 살펴봐야 합니다. 그렇지 않으면 이 마음이라는 게 고삐 없는 송아지하고 똑같습니다. 천지를 모르고 뛰어다니게 됩니다. 그런 습관이 들면 마음이 고요해지고 남이 성질을 내고 나한테 싸우려고 덤벼도 그냥 '네가 그렇게 화가 났었구나.' 하고 바라보는 입장이 됩니다.

자꾸 하다 보면 저절로 되는데 그것이 수행입니다. 수행이라는 건 엄청 어렵게 생각하면 안 됩니다. 아주 유명한 데 가서 기도를 한다고 기도가 되는 것이 아닙니다. 내가 사는 곳에서 하는 것이 제일 좋습니다. 일상적인 생활에서 사소한 일에도 부처님께 기도를 하면 됩니다. 차를 탈 일이 있으면 '부처님, 제가 어디를 가는데, 바른 길로 장애 없이 갔다 오게 도와주십시오.'라고 하면 됩니다.

나는 우리 신도님들에게 "너희들 자식을 어떻게 일일이 관리를 하겠냐? 너희들이 따라다닐 수도 없고, 잔소리해도 듣지도 않으니까 부처님한테 부탁을 해라. 우리 자식들이 바른길 가게 해주고, 지혜롭게 살게 해달라고 해라. 그렇게 부처님이 관리를 해야 관리가 된다."라고 말해 줍니다. 보통 사람들은 절에 나가서 기도하고, 행사에 참여하고 그러면 그걸로 끝이라고 생각하니까 마음이 안 바뀌는 겁니다. 집에 와서도 늘 부처님을 찾아서 부처님이 자기 집에 오실 수 있게끔 해야 합니다. '부처님, 저를 도와주세요. 부처님 우리 아이들이 이러이러한데 바른길 가게 지혜를 좀 주십시오.'라고 해야만 됩니다. 절에 어쩌다 왔다 간다고 해서 그것을 기도라고 할 수가 없습니다. 대부분의 사람들은 그렇게 하니까 진정한 깨달음이 없는 겁니다.

스님들도 정말로 중생을 위해 자기 마음을 살펴봐야 하는데 그런 게 없습니다. 불교 공부 책에 나온 거 맨날 해봐야 소용없습니다. 오히려 많이 읽으면 마음 닦는 데 지장이 생깁니다. 책만 많이 보면 모든 걸 다 안다는 식으로 건방만 떨게 되지, 실제로는 기도가 하나도 안 되는 겁니다.

그래서 우리 절의 보살들이 얼마 안 다녀도 본인이 부처님하고 대화가 된다 어쩐다 하면 다른 절에 수십 년 다닌 보살님들이 "건방 떨지 마라, 이것들아. 우린 수십 년 다녀도 그런 모습을 못 봤는데 니들이 얼마나 됐다고 건방을 떠냐?"라고 합니다. 그런 사람들은 자식 잘되게 해달라, 사업 잘되게 해 달라, 건강하게 해달라는 등의 기도만 합니다. 그러나 여기는 그런 기도가 아니라 지혜를 얻기를 원하고, 내가 마음 닦기를 원하는 기도를 합니다. 완전히 길이 다릅니다.

마음이 주로 하는 일은 생각하는 것이고 생각하면 얻을 수 있고, 생각하지 않으면 얻을 수 없다고 합니다. 생각할수록 지혜로워진다고 합니다. 마음은 모든 일이 시작되고 모든 책임이 모이는 곳이라 했습니다. 모든 일이 시작되니 그 마음속에서 온갖 욕심들이 생겨나 서로 다투기도 하고, 때로는 그 마음속에서 온갖 사악함이 끊임없이 생겨나기도 합니다. 올바른 마음 닦기를 원하고 부처님의 뜻을 받들어서 살아있는 동안 이 세상에 좋은 일을 좀 하다 가기를 원해야 하는데 지금의 불교가 그렇지 못하기에 난리가 나고 문제가 많은 겁니다.

마음을 닦을 때 도덕과 예의를 유지해야 합니다. 도덕과 예의를 유지하면 욕심이 적어지고 이치에 밝아진다고 합니다. 욕심을 줄이고 줄여 욕심이 없어지는 데에까지 이르면 마음이 일관되고 정확하게 된다고 합니다. 이러한 마음 닦기를 계속하면 마음과 이치가 서로 자연스럽게 융화하게 된다고 합니다. 그러면 실생활도 자연스럽게 되어 점차 순탄하고 편안하게 일이 처리되는 것을 체험하게 된다고 합니다.

마음을 닦을 때 자기 고집을 버려야 합니다. 사람들이 체면,

자존심 그런 것을 내세우느라고 자기가 마음을 못 닦는 겁니다. 누구 눈치 보지 말고 나를 자꾸 내세우면 안 됩니다. 이 세상은 다 똑같습니다. 잘나고 못나고가 없습니다. 우리 절에서는 법문이라는 것이 달리 거창한 것이 아닙니다. 마음에서 일어난 얘기를 쏟아내면 그게 법문입니다. 그러면 내가 법담을 해주게 됩니다. 법문, 즉 질문을 해야 내가 답을 해줄 수 있습니다. 말하지 않으면 마음 닦는 게 안 됩니다. 어떤 이야기도 자기가 그동안에 겪었던 거, 생각난 거를 쏟아내야 합니다. 여기 와서 마음에 있는 것을 쏟아내면 그 마음 보따리에 여기 부처님 마음을 담아갈 수 있는 겁니다.

자기 마음에 있는 거를 쏟아내지 않으니까 맨날 그대로 사는 겁니다. 변화가 없게 되는 겁니다. 그래서 마음을 나한테 다 쏟아놓으면 나는 그걸 주어서 내가 챙기고 부처님의 마음을 나눠주게 되는 겁니다. 그럼 그 부처님 마음을 챙겨가지고 가면 됩니다.

부처님은 마음을 물로 비유하기도 하십니다. 우물 같은 마음이어야 많은 사람이 떠먹고 살 수 있습니다. 영원히 솟아나는 우물처럼 마음이 너그럽고 깨끗하면 많은 사람이 와서 그 마음의 물을 먹고 혜택을 받습니다. 그러나 혹세무민하는 사람의 마음은 오염된 물과 같아서 그 오염된 물을 마시면 탈이 나게 됩니다. 또한 마음이 크지 못하고 종지만 하면 자기 먹고 살 물도 없는 것과 마찬가지가 됩니다.

3) 오은사 마음 수행

예전에 OO사 스님과 함께 기거할 때 그 스님이 기도만 하면 내가 쫓아갔었습니다. 쫓아가 보면 그분이 기도하고 앉아있었습니다. 나는 나를 막 부르는 것 같아서 갔었던 겁니다. 한 대여섯 번을 그렇게 하니까 그 스님이 빤히 쳐다보더니 "스님, 제가 미련하네요."라고 했습니다.

그래서 내가 "왜요?"라고 하니까 "스님이 부처님이라고 생각하고 따라다니면서 배워야 하는데, 내가 따로 '부처님!' 하고 앉아있으니 허공의 부처님을 찾은들 뭘 하겠습니까? 누가 와서 가르쳐 주는 것이 아니고 뭐든지 생각나고 느끼는 걸 질문을 하고 답을 얻어야 하는데, 자꾸 허공에 대고 부처님을 찾으니까 스님이 그렇게 쫓아오시네요."라고 하는 겁니다.

  그리고 신도들이 법당에 가서 인사를 하고 자기 얘기를 법당에 하고 오면 여기 답이 나한테 옵니다. 내가 신도에게 "야, 너한테 뭐 이런 일이 있었고 저런 일이 있었지? 그런 마음을 이렇게 쓰고 저렇게 해라."라는 얘기들을 해줍니다. 그러면 "스님, 내가 법당에 가서 부처님한테 얘기를 했는데 스님이 답을 주시네요?"라며 놀라워들 합니다. 그런 답은 그냥 오게 됩니다. 어떻다고 설명은 할 수 없습니다. 마치 나한테 얘기한 것처럼 느낌으로 그냥 옵니다. 그래도 사람들이 법당이라는 건 중요하다고 생각합니다. 그래서 내가 30년 넘은 우리 신도에게 "야, 법당이라 그러지 말고 지혜의 당이라고 해라. 법당이라는 게 너무 무겁기만 하지 않니, 지혜당이라고 해."라고 말하곤 합니다.

  어디가 쭈그리고 앉아서 기도만 해가지고는 모두 헛일입니다. 나는 사람들에게 "다른 절에 가면 수박 갖다 놓고 껍질만 핥게 하지만 나는 수박을 딱 쪼개서 맛을 보여주는 것이다."라고 말합니다. 마음을 바꿔야 합니다. 마음을 바꾸면 될 일을 괜히 굿을 한다고 이루어지겠습니까? 그것들은 다 쓸데없는 장난에 불과합니다.

다른 절은 3배를 하는데 여기는 4배를 합니다. 마지막 절은 본인한테 하는 겁니다. 본인도 불성(佛性)이 있기 때문입니다. 불성은 모두에게 있습니다. 악심(惡心)과 선심(善心)을 가지고 선심은 불성이라 하고, 악심은 마귀의 마음이라 합니다. 사람은 항상 두 가지 마음은 있는데 어떤 마음을 따라서 사느냐, 그 선택은 자신이 하는 겁니다. 항상 사람은 착한 것 같아도 악심이 남아있습니다. 본인이 선한 마음을 많이 쓰느냐 악한 마음을 많이 쓰느냐 그 차이가 있고, 그 선택은 언제나 본인한테 있습니다.

신도 중 한 분은 내가 보기에는 복수심에서 괴로운 마음을 가지고 있는 것 같은데 본인은 옳다고 생각하며 끝까지 고집을 버리지 않는 경우가 있습니다. 그 고집하는 마음을 빨리 버리는 연습을 하는 것이 중요합니다. 그러한 마음을 빨리 버릴수록 본인에게 이로운 겁니다.

마음 수행을 하는 이유 중 하나는 행복해지기 위해서입니다. 불행과 정신적 및 육체적 피로가 쌓이면 사람들은 행복이라는 것은 없다고 생각할 수도 있습니다. 그러나 행복이라는 건 분명히 있습니다. 다만 그 행복을 어디서 찾느냐가 중요한 겁니다. 만일 어떤 한 사람에게서 내 행복을 찾으려고 하면 안 됩니다. 그 사람 생각도 있는데 무조건적으로 나를 행복하게 해주겠습니까? 본인 스스로 행복을 찾아야 합니다. 남한테 얽매이지 않고 내 스스로가 자유롭게 사는 그 마음을 깨달으면 그것이 행복입니다. 나를 가장 잘 아는 자가 나이기 때문에 내가 어떤 행복을 추구하는지 잘 압니다. 이루어질 것이 있고, 이루어지지 않을 것을 잘 선택해야 합니다. 그래서 안 될 것을 추구하지 않으면 행복에 가까워지는 겁니다.

나는 신도를 많이 끌어모아서 뭐를 하겠다고 나온 게 아니고, 불법을 펴기 위해 온 사람이기 때문에 분명히 전해줘야 합니다. 일반 스님들과 똑같이 해서는 안 됩니다. 일반 스님들은 신도 하나라도 더 늘리려고 좋은 말만 하지만, 난 신도가 하나도 없어도 그러는 성질이 아닙니다. 나는 분명하게 하는 것을 좋아합니다. 사람이 마음이 변하면 몸이 자꾸 아프고 어려움이 자꾸 들어옵니다. 그것은 마음에서 갈등을 일으키기 때문입니다. 예를 들어 절에 오기 싫으면 자꾸 몸이 아프게 됩니다. 몸이 아파야 핑계를 대고 절에 오지 않을 수 있어서 그렇습니다. 자기가 아파야 여기를 안 올 수 있다는 생각을 갖고 핑계를 대는 우유부단한 사람들이 있습니다. 그러나 분명한 성격을 가지면 오기 싫을 때는 당

당하게 이유를 말하고 안 오면 되는 겁니다. 아무도 강제로 다니라고 하지 않습니다. 구구절절 핑계가 있다는 것은 자기 마음의 가책을 느끼기 때문입니다. 오은사 신도님들은 마음속의 내용을 털어버리고 매일, 매주 오지 않아도 늘 가벼운 마음으로 살게 됩니다. 마음 둘 곳이 있다면 육신의 부모님이 안 계셔도 든든한 것입니다. 그러나 오은사 신도님들은 거의 매주 오십니다. 오은사에 왔다 가면 마음이 더 편해지기 때문인 것 같습니다.

지혜를 얻기 위한 방법 중 하나가 표현을 많이 해야 합니다. 본인이 느끼고 깨달은 걸 털어놔야 합니다. 우리 신도 중의 한 분도 본인의 마음을 털어놓지 않아 나에게 많이 혼나는 분이 계십니다. 햇볕 아래 잡초처럼 꺼내놔야 말라 없어질 텐데 절대 내놓질 않으니 나도 같이 힘이 듭니다. 갈팡질팡하는 마음에 이끌려 가면 우울증이다, 정신병이다 이런 소리를 듣게 되기도 합니다. 항상 내 마음을 내가 이끌어갈 수 있어야 합니다. 가는 길을 잘 보고, 잘못 가지 않기 위해서 아침저녁으로 잘 봐야 합니다. 그런데 잘난 사람이나 잘사는 사람은 마음을 쉽게 못 바꿉니다. 말로 하기 어려운 환경에서는 메모하는 방법도 좋습니다. 꼭 일기의 형식이 아니더라도 일상생활을 하다가 문득 떠오르는 생각을 적어놓는 것도 하나의 방법입니다. 메모하지 않으면 나중에 어떤 일들이 있었는지 정확하게 기억하기도 어렵고, 글로 쓰는 과정에서 다시 한번 깨달을 수 있어 본인에게 유익합니다. 자꾸 깨닫는 과정이 마음공부입니다. 그럴 때도 글 쓰는 습관이 아주 유용합니다.

3. 그대의 마음이 가는 대로 써보세요.